el Sendero de la Verdad

Casa Nazarena de Publicaciones

Publicado por
Casa Nazarena de Publicaciones
17001 Praire Star Parkway
Lenexa, KS 66220 EUA.

informacion@editorialcnp.com • www.editorialcnp.com

Patricia Picavea, Editora
Publicaciones Ministeriales

Diseño de portada: Samuel Marroquín
Diagramación: Samuel Marroquín

ISBN 978-1-56344-772-3

Contenido

TERCER TRIMESTRE - La divinidad de Jesús según el evangelio de Juan

CUARTO TRIMESTRE - Una historia diferente: Job

Presentación

Nos alegra que usted haya adquirido este material de educación cristiana.

Las lecciones aquí desarrolladas son basadas totalmente en las Sagradas Escrituras y preparadas pensando en jóvenes mayores y adultos. Queremos que usted disfrute el estudio de la Palabra y que Dios hable a su corazón.

Este libro tiene 4 trimestres que abarcan 52 lecciones en total, para ser utilizadas durante todo un año. Cada trimestre tiene un tema desarrollado en forma amplia. En esta ocasión estaremos estudiando los siguientes temas Números: La vida de Israel en el desierto; grandes religiones del mundo; la divinidad de Jesús según el Evangelio de Juan y una historia diferente: Job.

Le animamos a que no se pierda ninguna lección y que en el transcurso de los trimestres que se estudian libros bíblicos vaya leyendo la Biblia durante la semana según el libro correspondiente para ese trimestre. De esa manera podrá aprovechar mejor cada lección y al finalizar el año habrá leído tres libros de la Biblia Números, Juan y Job.

Dios le bendiga y hable a su vida a través de cada lección y de la lectura de su Palabra.

Patricia Picavea
Editora de publicaciones ministeriales

Los censos

Elvin Heredia (Puerto Rico)

I. Los censos organizaban militarmente al pueblo

Éxodo 38:25-26 registra un primer censo del pueblo para determinar la cuota correspondiente de cada casa para el servicio del tabernáculo, sin embargo ese censo no identificaba recursos militares. En ocasión de este primer censo militar, resultaba muy necesario tener una información vital para lo que pudiera definirse como un elemento de supervivencia. Para ello, y al igual que el primer censo, se contaron a todos los hombres de veinte años en adelante, los cuales eran hombres hábiles para la milicia (Números 1:1-4). Por otro lado, este censo permitió organizarlos militarmente por familias, por tribus y casas. Números 2 nos presenta al pueblo ya censado y organizado, acampando según sus banderas distintivas, de modo que el pueblo estaba organizado en batallones y ejércitos de cada tribu. Esto permitía a cada tribu y batallón identificar el lugar que les correspondía, y permitía a su vez a los líderes del pueblo ubicar sus ejércitos de manera estratégica.

Otro dato que ofrecía orden en la organización militar del pueblo era que se había escogido para esta tarea a un hombre de cada tribu con la característica esencial de que cada uno era jefe de casa de su padre, (v.4).

II. Los censos eran de ayuda al liderazgo

El reconocimiento de los recursos militares y la experiencia de los jefes de las casas en identificar tales recursos eran de vital importancia a la hora de ubicar los ejércitos de manera estratégica. Esto permitió determinar el orden en el que los escuadrones marcharon y en las posiciones en las que cada tribu acampó con sus ejércitos. Números 2:34 indica que hacerlo en este orden y con este cuidado permitió a los hijos de Israel llevar a cabo la tarea "conforme a todas las cosas que Jehová mandó a Moisés".

De esta manera, cada líder de tribu también pudo tener un control de los recursos con los que disponía, y le facilitó el trabajo en el apoyo militar y en otras aportaciones que brindaban al pueblo (Números 26:52-53).

Este orden es de vital importancia en nuestros tiempos. Una empresa desorganizada no puede alcanzar los objetivos que se haya propuesto. De igual manera, una iglesia desorganizada tiene serias dificultades a la hora de realizar su misión. Es necesario que los recursos no solamente estén debidamente identificados, sino que estén estratégicamente ubicados, a fin de que rindan los frutos que de ellos se esperan.

III. Los censos traerían justicia y equidad dentro del pueblo

No podemos olvidar que el pueblo de Israel se aproximaba a alcanzar la Tierra Prometida, y era necesario que la ocupación y orden de esa tierra permitieran, entre otras cosas, la equidad y la justicia en la vida de los nuevos ocupantes de la tierra, y la permanencia del buen propósito de Dios en la bendición concedida al pueblo.

Los versículos 52-56 contemplan una serie de consideraciones importantes en cuanto a la distribución de la tierra:

- La tierra se repartiría "por la cuenta de los nombres", (v.53), es decir, por las tribus representadas en el pueblo.
- Los grupos mayores recibirían mayor heredad (v.54).
- La tierra se repartiría por suerte (vv.55-56). Esto evitaría que las tribus se disputaran las mejores tierras y rechazaran las que no eran tan buenas.

Cabe señalar que Moisés ya había designado previamente las tierras al este del Jordán a las tribus de Rubén, Gad y la mitad de la tribu de Manasés (Josué 12:1- 6, 13:8). Las otras nueve tribus, y la otra mitad de la tribu de Manasés, recibieron sus herencias "por suertes", según lo ordenado por Dios a Moisés (Josué 14:1-3).

Los censos

Hoja de actividad

Versículo para memorizar: "Echó las naciones de delante de ellos; con cuerdas repartió sus tierras en heredad, e hizo habitar en sus moradas a las tribus de Israel" Salmo 78:55.

I. Los censos organizaban militarmente al pueblo

¿Cuál era la edad de los hombres que fueron contados en ambos censos? (Números 1:1-4). ____________

¿Cuáles eran algunas de las razones que justificaban la realización de estos censos? ____________

II. Los censos eran de ayuda al liderazgo

¿De qué manera ayudaba este censo a ordenar el trabajo de los líderes? (Números 26:52-53). ____________

III. Los censos traen justicia y equidad dentro del pueblo

¿Le parece que la repartición de la tierra fue justa y equitativa? (Números 26:55-56). Comente. ____________

¿Qué otras aportaciones prácticas nos ofrece esta historia que sean pertinentes a nuestra labor en la iglesia?

Conclusión

El libro de Números nos relata el orden de Dios para el pueblo de Israel en su marcha a través del desierto. Dios no dejó nada librado al azar y dio instrucciones claras para el pueblo mientras iban de camino a la tierra de Canaán. Vemos qué cuidadoso fue el Señor en los detalles.

Un Dios de orden

Consuelo Siliézar (EUA)

I. Dios demandó organización

A muchos les gustaría un mundo sin autoridad, leyes y liderazgo. Hay quienes abogan por la anarquía y que cada cual haga lo que quiera. Pero Dios nos muestra que siendo Él Todopoderoso se vale de las personas que Él llama para dirigir a su pueblo y así alcanzar sus propósitos y para esto requiere un orden. Y Dios les dio una organización funcional a todo nivel, religioso, político y militar. El pueblo entendió y obedeció el mandato de Dios (Números 2:34).

II. Dios organizó estratégicamente a su pueblo

Desde la salida de Egipto hasta la conquista de la tierra prometida Dios quiso lo mejor para Israel y organizó al pueblo estratégicamente para cumplir su propósito.

A. La organización de las tribus bajo sus banderas

Cuando Dios organizó al pueblo de Israel, les ordenó acampar junto a sus banderas y enseñas (Números 2:2). Estas eran importantes pues identificaban a cada tribu con su bandera, y además tres tribus se agrupaban bajo un estandarte.

B. El orden de las tribus para acampar y marchar

En el oriente se colocaron las tribus de Judá, Isacar y Zabulón (vv.3-9). Estas tres tribus eran las más numerosas, es por eso que Dios las colocó al frente del ejército, bajo la bandera de Judá, formando una alianza poderosa para conquistar la tierra prometida. En el sur se colocaron las tribus de Rubén, Simeón y Gad, (vv. 10-16) quienes marcharon en segundo lugar. Estas tribus fueron dirigidas por la tribu de Rubén quien fue el hijo mayor de Jacob. Detrás de ellos marcharon los levitas (v.17). Quienes al acampar rodeaban el tabernáculo, el cual era la base para la colocación de las doce tribus, las cuales estaban ubicadas en los cuatro puntos cardinales. Las demás tribus debían guardar cierta distancia debido a la presencia de un Dios santo. El hecho de que el tabernáculo estuviera en el centro era para que Israel nunca olvidara que Dios estaba en medio de ellos todo el tiempo.

Ahora nosotros podemos sentir la presencia de Dios en nuestras vidas a través del sacrificio de Cristo Jesús.

El occidente se otorgó a las tribus de Benjamín, Efraín, Manasés (vv.2:18-24). Al frente de estas tribus estaba la tribu de Efraín. Aunque Efraín y Manasés eran nietos de Jacob, Dios los incluyó como hijos de Jacob. En el norte se situaron las tribus de Dan, Aser y Neftalí que eran los últimos (vv.25-31) bajo el mando de la tribu de Dan. Siendo estas tribus las menos numerosas y más débiles que las demás. Estas tribus marcharon al final.

III. Dios cuidó a su pueblo por medio de leyes sanitarias

Pero Dios no sólo organizó la estrategia militar y liderazgo del pueblo. En Números 5:1-4 también les dio leyes para cuidar de la salud e higiene del pueblo. Sin estas instrucciones de Dios seguramente el pueblo hubiera contraído enfermedades transmisibles o aún que pudieran ser causa de epidemias. Poner a los que tuvieran enfermedades de la piel, como la lepra o de transmisión sexual o que hubieran tocado muertos fuera del campamento fue una medida sanitaria que Dios mandó para evitar el contagio de enfermedades a todo el pueblo. Estas personas estaban impuras ceremonialmente, pero aunque en aquel tiempo no se conocían los microbios y bacterias que desarrollan las enfermedades, Dios en su infinita sabiduría proveyó leyes que el pueblo pudiera entender y seguir. Esto nos ofrece la oportunidad para la reflexión espiritual, ya que la Biblia nos enseña que Dios nos pide cuidar nuestro cuerpo como templo de su espíritu (1Corintios 6:19) porque Dios no mora donde hay impureza.

Un Dios de orden

Hoja de actividad

Versículo para memorizar: "pues Dios no es Dios de confusión, sino de paz..." I Corintios 14:33.

I. Dios demandó organización

¿Cuál fue la razón por qué Dios demandó organización a su pueblo?¿Y cómo respondió el pueblo? (Números 2:1-2,34). ____________________

____

¿Cuál era el propósito de Dios al escoger líderes para Israel? ____________________

____

II. Dios organizó estratégicamente a su pueblo

¿Por qué era importante la organización de acuerdo a las banderas y enseñas? (Números 2:2). ____________________

____

____

¿Qué significado tenía que el tabernáculo estuviera en medio del campamento? (Números 2:2,17). ____________________

____

____

III. Dios cuidó a su pueblo por medio de leyes sanitarias

¿Cuál fue la razón de que Dios diera leyes sanitarias al pueblo de Israel? (Números 5:1-4). ____________________

____

____

¿Cómo cuidamos el cuerpo hoy? El consumir alimentos que son dañiños para la salud ¿no es tambien una forma de contaminar el cuerpo? ____________________

____

____

Conclusión

Dios desea que su pueblo se mantenga libre de toda contaminación de pecado. Hoy en día la iglesia debe ser dirigida por un liderazgo santo que organice al pueblo para cumplir la misión de la iglesia.

Perfección en el servicio a Dios

Annabella San José (Canadá)

I. Responsabilidades de los levitas

a. Los levitas debían acampar alrededor del Tabernáculo del Testimonio, (Números 1:47-54; 1 Crónicas 6:48).

b. Los levitas vinieron a sustituir a los primogénitos de las tribus de Israel, fueron tomados como representantes de las diferentes familias (Números 3:40-51). Los levitas entraron en escena como una tribu especial que iba a ser destinada a buscar la comunión del pueblo con Dios, pero no sustituirían a Aarón ni a sus hijos. Los levitas no ofrecían los sacrificios al Señor, ésta y otras actividades eran especiales y sólo Aarón y sus hijos como sacerdotes debían realizarlas (1 Crónicas 6:49).

II. Funciones específicas de los levitas

Dios dio un trabajo específico para cada una de las tres familias pertenecientes a la tribu de Leví, (1 Crónicas 6:1).

A. Los levitas hijos de Coat

Tenían a su cargo todo lo relativo al tabernáculo y eran los únicos autorizados por Dios para instalarlo, desinstalarlo y trasladarlo a un nuevo lugar cuando viajaran (Números 4:1-21). En el tabernáculo estaba el arca del pacto que tenia un significado especial tanto para Dios como para el pueblo (1 Reyes 8:9) y cualquiera que no fuera levita que se atreviera a tocarla, se le aplicaría la pena de muerte. Otra situación especial era que antes de poder trasladar todas las cosas sagradas del tabernáculo, Aarón y sus hijos debían prepararlas y empacarlas adecuadamente, (Números 4:15).

B. Los levitas hijos de Gersón

Tenían a su cargo llevar todas las cortinas, el tabernáculo de reunión, su cubierta, la cubierta de pieles de tejones que estaba encima de él, sus cuerdas y todos los instrumentos de su servicio y todo lo que sería hecho para ellos (Números 4:24-28).

C. Los levitas hijos de Merari

Estos tenían a su cargo el servicio en el tabernáculo de reunión: Las tablas del tabernáculo, sus barras, sus columnas y sus basas, las columnas del atrio alrededor y sus basas, sus estacas y sus cuerdas, con todos sus instrumentos y todo su servicio (Números 4:29-33).

III. Requisitos para los levitas

Había requisitos muy específicos en la consagración de los levitas y que debían ser llevados a cabo en orden y sin ninguna falla. Era un ritual muy especial hecho por Aarón para presentarlos delante de Dios.

A. Los levitas debían ser consagrados a través de la expiación. Esto significaba ser purificados a través de una serie de actividades detalladas en Números 8:5-12.

B. Debían ser presentados delante de Aarón y delante de sus hijos y ofrecidos en ofrenda a Jehová, (Números 8:13-16).

C. La edad que Dios estableció para que los levitas sirvieran completamente en el templo era de 30 a 50 años, (Números 4:39). Se cree que los levitas tenían un período de preparación de 5 años, durante los cuales aprendían todo lo relacionado a sus labores y a su consagración en el servicio al Señor (Números 8:23-26).

Servidores de Dios en el siglo XXI

Para que los levitas pudieran servir al Señor debían llenar requisitos ineludibles. Servir en el tabernáculo era un privilegio único, ellos debían estar en la presencia del Dios verdadero. Los levitas eran una tribu especialmente apartada para ser ayuda de Aarón y sus hijos. Para nosotros como hijos de Dios el llamado a servir es el mismo, pero debemos buscar la perfección y la entera santificación en nuestra vida espiritual para poder ser usados en un servicio especializado al Señor y cumplir el plan especial que Él tiene para nosotros, 1 Pedro 2:9.

Perfección en el servicio a Dios

Hoja de actividad

Versículo para memorizar: "Y nadie toma para sí esta honra, sino el que es llamado por Dios, como lo fue Aarón" Hebreos 5:4.

I. Responsabilidades de los levitas

Según Números 1:53 ¿En qué lugar debían acampar y asentar sus tiendas los levitas? ¿Por qué? ___________

¿A qué grupo del pueblo de Israel vinieron los levitas a sustituir delante de Dios de acuerdo a Números 3:41? ___________

II. Funciones específicas de los levitas

De acuerdo a 1 Crónicas 6:1 ¿Cuántas familias pertenecían a la tribu de Leví y qué importancia tenían para el desarrollo de sus funciones en el tabernáculo? ___________

Según Números 4:15 ¿Quiénes eran los encargados de transportar el tabernáculo cuando los israelitas viajaban? ¿Cuál es su opinión acerca del servicio especializado en nuestras iglesias hoy día? ¿Es importante? ¿Por qué? _

III. Requisitos para los levitas

Menciones cuales eran los requisitos que los levitas debían reunir de acuerdo a lo discutido en esta lección: _

Cree usted que hoy día nosotros debemos llenar los requisitos que se le exigían a los levitas para poder servir al Señor. Si su respuesta es si, por favor mencione algunas razones por las cuales usted cree que es importante:

Conclusión

Para nosotros debe ser primordial servir al Señor como lo hicieron los levitas, es decir con rectitud y con la unción del Espíritu Santo en nuestra vidas, lo que se logra a través de una vida de oración y adoración constante.

Dios en el Éxodo y en el desierto

Orlando Serrano (EUA)

I. La presencia de Dios en la liberación de Egipto

En Números 9:1-14 el escritor describe la observación de la Pascua como el rito fundamental de la comunidad hebrea.

A. Celebrar el acto salvador de Dios

Una vez más, Dios toma la iniciativa de llamar a su pueblo a celebrar la Pascua (vv.1-5). Esta celebración era una ayuda visual inolvidable que recordaría al pueblo que sin importar cuantos peligros el futuro les deparara, nada sería demasiado difícil para Dios. La Pascua era un recordatorio de que el Dios que los había sacado de un país de esclavitud, estaría con ellos hasta introducirlos a la tierra de la abundancia como se los había prometido.

B. Comunión con Dios y pecado no son compatibles

El mensaje de Dios era que debían tener cuidado de no mezclar la santidad divina con el pecado humano.

C. Su gracia a los que la necesitan

Dios es justo y comprensible (vv.8-14). Él sabe cuándo dejamos de hacer las cosas por escogimiento propio y cuando hay circunstancias que están fuera de nuestro control. Cuando lo último sucede, Él nos extiende su gracia. Había dos grupos de personas que no pudieron participar de esta primera Pascua, unos por estar ritualmente inmundos (v.6) y otros por estar de viaje o en otro país (v.10). En ambos casos estas personas no tenían control de la situación.

II. La dirección y presencia constante de Dios

En Números 9:15, explica como los israelitas fueron guiados por la nube. Cuando la nube se levantaba la comunidad también lo hacía, cuando se detenía el pueblo se detenía. Esta era una regla incambiable.

A. La nube inspiraba su confianza en Dios

La nube era una señal de su presencia confiable (v.16). Él les había prometido que siempre podrían contar con su compañía fiel.

B. La nube probaba la dependencia en Dios

El desierto era un territorio desconocido (Jeremías 2:6), lleno de peligros. Dios conocía los días correctos para que avanzaran y los mejores días para estar quietos. La nube no se movía todos los días, su presencia requería constante atención (Números 9:17). A través de esta revelación, el pueblo de Israel discernía la dirección de Dios para su jornada. Requería confianza plena en Dios.

III. Presencia y dirección contínua del Espíritu Santo

A. La vida cristiana comienza con su propia Pascua y su éxodo

El Señor Jesús dijo: "Sabéis que dentro de dos días se celebra la Pascua, y el Hijo del Hombre será entregado para ser crucificado" (Mateo 26:2). En su carta a los corintios el apóstol Pablo les recordó que, "Cristo nuestra Pascua, ha sido sacrificado" (1 Corintios 5:7). Él es el Cordero Pascual y por su sangre aplicada a nuestras vidas fuimos hechos libres de las cadenas del pecado y la esclavitud.

B. El pueblo de Israel era guiado externamente por la nube

Igual que el pueblo de Israel, los cristianos debemos aprender a marchar al ritmo de Dios. El Espíritu Santo fue enviado a nosotros para guiarnos en nuestra jornada de fe. Para que esto suceda hay que cederle por completo el control de nuestras vidas. Si hacemos esto: 1) El pondrá las palabras adecuadas en nuestra boca en momentos en que lo necesitemos (Lucas 12:12). 2) El Espíritu Santo nos "enseñará y recordará todas las cosas" (Juan 14:26). 3) Nos "guiará a toda la verdad" (Juan 16:13).

Cuando el Espíritu nos mueve, debemos seguirle (Hechos 8:39), cuando el Espíritu nos detiene, hay que obedecer (Hechos 16:6-7). Los hijos de Dios debemos vivir siempre guiados por el Espíritu de Dios (Romanos 8:14).

Dios en el Éxodo y en el desierto

Hoja de actividad

Versículo para memorizar: "Al mandato de Jehová acampaban, y al mandato de Jehová partían, guardando la ordenanza de Jehová como Jehová lo había dicho por medio de Moisés" Números 9:23.

I. La presencia de Dios en la liberación de Egipto

¿Por qué era importante la Pascua para la comunidad hebrea? (Números 9:2,13). ________________

____

¿Por qué no podían participar de la Pascua si habían tocado un cuerpo muerto? (Números 9:7). __________

____

II. La dirección y presencia constante de Dios

¿Qué importancia tenía la nube que guiaba al pueblo y qué significaba? (Números 9:15-23). ____________

____

____

A veces Dios se detenía por un corto tiempo, otras veces por varios días, semanas y meses. ¿Qué piensa que sentía el pueblo de Israel? ¿Qué siente usted cuando pareciera que Dios está quieto y que no está sucediendo nada? ____

____

III. Presencia y dirección continua del Espíritu Santo

¿Hay alguna relación entre la Pascua con nuestra salvación y la nube con la guía del Espíritu Santo en nuestra vida? ____

____

El propósito de Dios era conducir al pueblo de Israel a la Tierra Prometida, ¿cuál es la meta del Espíritu Santo para el creyente? ____

____

Conclusión

Hoy el Espíritu Santo es el guía interno. Él sabe donde detenerse y cuando avanzar. El conoce el camino y confiando en Él, llegaremos seguros a nuestro destino espiritual y eterno.

Descontento por la dieta

Denis Espinoza (Nicaragua)

I. Cautivos del pasado

La primera parte de nuestro estudio nos lleva a ver al pueblo de Dios cautivo, preso de su pasado (Números 11:4-6). Lo triste de la historia es que el pueblo pasó por alto los hechos portentosos que Dios hizo para liberarlos, con mano poderosa, de la esclavitud de Egipto. Ellos estaban recordando a Egipto con tristeza y pesar, añorándolo sólo con relación a las comidas de carne y verdura que les servían mientras vivieron allá.

A. Influencia exógena

El maná ya no era bien recibido y disfrutado como al inicio . Necesitamos ser vigilantes y estar alertas para no permitir malas compañías e influencias negativas dañen nuestras vidas e interrumpan nuestra comunión con Dios, (Números 11:4; Proverbios 13:20).

B. El apetito

Por 40 años, el pueblo de Israel comió el maná en el desierto hasta llegar a los límites de la tierra prometida, llamada Canaán, (Éxodo 16:35; Deuteronomio 8:3).

El maná los sustentó. No les causó malestar estomacal ni ningún otro daño. Pero su espíritu inquieto despertó su apetito descontrolado y también su rebeldía, por lo que comenzaron a ver mal y a despreciar esa comida, se levantaron contra el alimento que consideraban simple y común y por ende, se rebelaron contra Dios (Números 11:4b-6).

Números 11:5 muestra claramente los "gratos recuerdos" que el pueblo de Israel guardaba de Egipto. Mucho antes que Dios les diera el maná, el pueblo expresó su insatisfacción y recordó la abundante comida que tenían en Egipto (Éxodo 16:3).

Era verdad lo concerniente a la abundante comida que tenían allá, pero era totalmente falso que esa comida fuera gratuita ya que les tocaba trabajar duro por el alimento.

II. Queja y desaliento de Moisés

Fueron tan grandes las murmuraciones y la rebeldía que hasta el noble Moisés fue afectado grandemente (Números 11:10-5). Sus emociones salieron a flote al no poder controlar la situación, ni hallarle solución.

A. La queja

Víctima de la desesperación, el legislador se acercó a Dios para compartirle su situación. El Señor le permitió a Moisés expresarse libremente, pero el tono de sus palabras, no fue el más adecuado. Seguramente el Señor se lo dispensó porque conoció su estado de ánimo. En los versículos 11-14 Moisés expresó una serie de cuestionamientos delante del Señor.

B. El desaliento

El hombre más manso de la tierra, se deprimió. Estaba expuesto a experimentar el desaliento. Puede pasarnos a cualquiera de nosotros, cuando nos desalentamos lo vemos todo sombrío. Pero a pesar de ello, Moisés, en su desaliento, le dijo al Señor,¡Mátame! (v.15). Si me sigues haciendo ver este mal, si no intervienes, mejor ráeme.

III. Misericordiosa y justiciera provisión

A. Recursos humanos y espirituales

Dios le ordenó a Moisés reunir setenta ancianos (Números 11:16-17), líderes del pueblo, de los principales de ellos, quienes serían de ayuda al legislador para llevar el duro trabajo que significaba guiar a su pueblo.

B. Recursos materiales

La provisión incluyó lo material. Dios proveyó lo que el pueblo pidió. Les dio carne de codornices. Ahora frente a la demanda del pueblo y la queja y desaliento de Moisés, les prometió carne en abundancia (Números 11:18-20). Moisés dudó (Números 11:21). Luego usó una hipérbole (Números 11:22).

C. Juicio

Tristemente, a pesar de la provisión divina, ésta llegó acompañada de juicio y castigo para los desobedientes (Números 11:33). El texto sagrado nos dice que "el pueblo codicioso" fue sepultado en aquél lugar. A ese lugar lo llamaron Kibrot-hataava que literalmente significa "tumba de los codiciosos" y "sepulcro de la concupiscencia".

Descontento por la dieta

Hoja de actividad

Versículo para memorizar:"...¿Acaso se ha acortado la mano de Jehová? Ahora verás si se cumple mi palabra, o no" Números 11:23.

I. Cautivos del pasado

¿Cuál fue la influencia exógena que tuvo el pueblo de Israel? (Números 11:4). ________________________

____

¿Cuál fue la queja del pueblo? (Números 11:4-6).____

____

¿Cuáles son las quejas más comunes de los hijos de Dios hoy?______________________________________

____

II. Queja y desaliento de Moisés

1.Resuma la queja, el desaliento y la petición de Moisés, (Números 11:10-15).________________________

____

III. Misericordiosa y justiciera provisión

¿Cuántos ancianos pidió Dios que reuniera Moisés? (Números 11:16). _______

¿Qué significaba profetizar? ____

____

____

¿En qué consistió el juicio de Dios contra el pueblo de Israel? (Números 11:33).________________________

____

____

¿Con qué situación hoy podríamos comparar lo que vivió el pueblo de Israel? Como iglesia, ¿en ocasiones tenemos el mismo comportamiento que tuvo el pueblo de Israel?__________________________________

____

____

Conclusión

Dios cuida de sus hijos, descansemos en sus manos y aceptemos las circunstancias que vengan a nuestra vida entendiendo que Él tiene el control.

La rebelión y sus consecuencias

Eduardo Velázquez (Argentina)

I. Las consecuencias de la rebelión (María y Aarón)

A. María y Aarón se rebelaron

Números 12:1-16 relata una tercera rebelión. Moisés se casó con una mujer cusita. María y Aarón hablaron en contra de él usando como excusa esta situación. Se deja entrever que ambos anhelaban igualdad con él como líderes de Israel. María parece haber sido la principal culpable y llevó el castigo. Quizá parezca extraño que ella, siendo una mujer, hubiera desafiado la autoridad de su hermano. Sin embargo, era una profetiza y líder de las mujeres israelitas (Éxodo 15:20-21).

B. La humildad de Moisés

El Señor escuchó sus palabras hostiles. Su respuesta fue confirmar la elección de Moisés (vv.6-8) y después juzgó a María y a Aarón (vv.9-10). El autor comenta acerca de la mansedumbre de Moisés (v.3). La lección que aprendemos es que el mejor camino frente a la rebelión es tener verdadera humildad, que consiste en comprometerse a obedecer la voluntad de Dios hasta el punto de negarse a uno mismo.

II. Las consecuencias de la rebelión (el pueblo)

Los israelitas volvieron a quejarse, (Números 14:1-45, Deuteronomio 1:26-46) y esto no era otra cosa que rebelión (v.9). La naturaleza de su pecado se magnificó al quejarse contra Dios (vv.27,29,36).

A. Misericordia y juicio del Señor

Las palabras del Señor comenzaron con un análisis exacto del pecado de Israel: Su incredulidad. Ellos rehusaron creer en Dios y lo trataron con menosprecio (14:11; 1 Juan 5:10).

B. Muerte de los rebeldes

Finalmente, la congregación que conspiró contra el Señor experimentaría su oposición (14:28-35). El castigo vino inmediatamente y la plaga mató a los diez espías que habían traído un mal informe a Israel (14:36-37).

C. Algunos intentaron entrar a la tierra prometida

El arrepentimiento vino muy tarde y otra vez estaban menospreciando la palabra de Dios. El les había mandado que regresaran al desierto (14:25). Por lo tanto, cuando se dirigieron a Canaán iban solos y el Señor no estaba con ellos; el arca no salió del campamento (14:42,44).

III. Las consecuencias de la rebelión (Coré, Rubén y los príncipes)

A. La rebelión en contra de Moisés y Aarón

Los rebeldes fueron dirigidos por hombres de mucha importancia (Números 16:1-50). Describieron a Egipto como la tierra que fluía leche y miel (la descripción que Dios había usado para Canaán), y se quejaron de que Moisés y Aarón habían fracasado al no llevarlos a la heredad prometida (vv.13-14).

B. Juicio sobre los rebeldes

El Señor no reconoció al grupo de Coré. Sólo se dirigió a Moisés y a Aarón. Más adelante en el relato se nos dice que los ancianos estaban con Moisés (v.25). A la congregación se le ordenó apartarse de las tiendas de los rebeldes, "no sea que perezcáis en todos sus pecados" (v.26). Dios confirmó el mensaje dado por Moisés (vv.29-34). El juicio sobre Coré y su grupo fue inmediato.

C. La señal de Dios confirma su selección de Aarón

Dios mandó una señal para silenciar la constante murmuración contra Aarón. Las 12 varas representaban las 12 tribus. Las varas fueron colocadas con los nombres de los líderes en ellas (17:1-2), delante del arca del testimonio, ante la presencia misma de Dios (v.4). De la vara de Aarón brotó vida nuevamente, echando renuevos, floreciendo y produciendo almendras (v.5,7-8). Esto no significaba simplemente la elección divina.

La rebelión y sus consecuencias

Hoja de actividad

Versículo para memorizar: "y estando en la condición de hombre, se humilló a sí mismo, haciéndose obediente hasta la muerte, y muerte de cruz" Filipenses 2:8.

I. Las consecuencias de la rebelión (María y Aarón)

¿Cuál es, a su entender, la consecuencia más trágica que trae la rebelión a la autoridad? (Números 12:1-16). ____

____

____

____

II. Las consecuencias de la rebelión (el pueblo)

Mencione tres cosas que debe tener en cuenta para evita ser rebelde a Dios (Números 14:1-45; Deuteronomio 1:26-46).

1. ____
2. ____
3. ____

III. Las consecuencias de la rebelión (Coré, Rubén y los príncipes)

Explique brevemente qué debería hacer un creyente que se da cuenta que en su vida hay un brote de rebeldía. (Números 16:1-50; 17:1-13). ____

____

____

____

____

Conclusión

Dios nos conceda asumir un espíritu de humildad y respeto frente a las diferentes estructuras de autoridad en las cuales nos movemos, sabiendo que es del agrado de Él y nos bendiga.

Tipos mesiánicos

Lección Fernando Mounier (Puerto Rico)

I. El agua de la roca: La vida

A. El aspecto histórico

La narrativa bíblica nos presenta que el evento en que Dios hizo brotar agua de una roca para saciar la sed del pueblo ocurrió dos veces (Éxodo 17:1-7; Números 20:1-13). Ante estas situaciones el pueblo actuó de la misma manera: Los israelitas se amotinaron contra Moisés aunque la verdadera rebelión era contra Dios.

B. El elemento de la fe

En esta sección encontramos la progresión del aspecto material hacia el aspecto espiritual. Aquí se destaca la fidelidad de Dios a pesar de la actitud de rechazo del pueblo (Salmo 78:16-23). Cuando caminamos con Dios el camino de la fe estaremos expuestos a pruebas.

C. Cumplimiento y significado

No debemos olvidar que en los tipos existe un elemento profético (predictivo). Este elemento profético de manera progresiva nos lleva del aspecto terrenal representado por la roca, de la cual brotó agua, hacia el aspecto celestial en Cristo (1 Corintios 10:1-6). De esta roca brotó agua para cuidar sus necesidades físicas. De Cristo como la roca incluye la promesa de no volver a tener sed espiritual (Juan 4:13-14).

II. La serpiente de bronce: La sanidad

En Números 21:4-9 encontramos el acto de rebelión del pueblo de Israel contra Dios.

A. El propósito de la serpiente de bronce

La serpiente de bronce representaba la única oportunidad que tenían los israelitas de recibir sanidad y por ende la vida. El veneno de estas serpientes causaban un dolor agudo y luego la muerte (21:6).

B. El elemento de la fe

Si comparamos la historia de Números 21 y la historia de la crucifixión encontramos que la serpiente y la cruz eran medios de muerte. No obstante, ambos se convirtieron en medios de salvación por medio de la fe en aquel que lo dispuso así (v.9).

C. Cumplimiento y significado

El elemento profético en este tipo nos lleva de manera progresiva desde el aspecto terrenal representado por la serpiente levantada en el asta, hacia el aspecto celestial en Cristo. El cumplimiento profético lo encontramos en Juan 3:14-15.

III. Las ciudades de refugio: La salvación

A. Propósito histórico de las ciudades de refugio

Las ciudades de refugio fueron establecidas por Dios (Números 35:9-28). Su propósito fue para proteger a la persona que cometiera homicidio involuntario, es decir, que le quitara la vida a otra accidentalmente (v.11). En este particular se hizo hincapié en que no existiese la intención de cometer el crimen.

B. El elemento de la fe

El elemento de la fe está enmarcado dentro de las demandas de la justicia de Dios. Nuestro Dios es un Dios Justo y Santo y aquí se nos presenta tomando medidas para preservar su justicia en medio de las circunstancias de la vida(35:24).

C. Cumplimiento y significado

Este elemento profético de manera progresiva nos lleva del aspecto terrenal representado por las ciudades de refugio, hacia el aspecto celestial en Cristo. En el libro a los Hebreos 6:17-20, encontramos su cumplimiento en Cristo. En este pasaje se nos presenta, implícitamente, a nuestro Señor como aquella ciudad de refugio donde hemos huído (Hebreos 6:18). En las ciudades de refugio el transgresor encontraba refugio y justicia para su vida. En Cristo Jesús encontramos refugio ante la aflicción (Juan 16:33), esperanza para el futuro (1 Pedro 1:3-6), liberación de la condenación (Romanos 8:1), reconciliación (Romanos 5:11) y la salvación de nuestras almas (1 Pedro 1:9; 1 Tesalonisenses 5:9).

Tipos mesiánicos

Hoja de actividad

Versículo para memorizar: "Os ruego, pues, hermanos, por el nombre de nuestro Señor Jesucristo, que habléis todos una misma cosa, y que no haya entre vosotros divisiones,..." 1 Corintios 1:10a.

I. El agua de la roca: La vida

Según Números 20:2-13,¿qué situación hizo que el pueblo se pusiera mal? Ante la situación de crisis, ¿a quién culpó el pueblo?______________________________

¿Cuál fue la actitud de Dios ante la queja del pueblo?____________________

¿Esto le recuerda alguna situación similar? ¿Cuál fue el resultado?____________________

II. La serpiente de bronce: La sanidad

¿Qué sucedió en el relato de Números 21:4-9? ¿Cómo reaccionó Dios? ____________________

¿Qué puede aprender de éste pasaje para su vida?____________________

III. Salvación: Las ciudades de refugio

¿Qué piensa del pasaje de Números 35:9-28?____________________

¿Cómo aplicaría las ciudades de refugio a nuestra vida espiritual hoy? ____________________

Conclusión

Debemos confiar en Dios y mirar las cosas desde su perspectiva ya que nada escapa a su perfecto plan.

Obedecer o no, esa es la cuestión

Gloria García (Argentina)

I. La invitación de Balac y la respuesta de Balaam

Mencione los pasajes donde se relatan las distintas conquistas que hizo Israel, y a quiénes conquistaron, antes de llegar a Moab (Números 21:23-25,32,33-35).

A. Una reacción natural

Balac estaba al tanto de las victorias que había tenido Israel. Sin saber que ellos (al no ser cananeos) no estaban en los planes de extensión de Israel, Balac creyó que vendrían sobre él y consultó con los ancianos de Madián (Números 22:4). Se aseguró el apoyo de los ancianos y envió para que buscaran a Balaam para solicitarle su ayuda (22:5-7). Fue algo natural el temor cuando se dio cuenta que todos en su ciudad estaban expuestos al grave peligro, que ya habían enfrentado los pueblos vecinos (Números 22:2-41).

B. La visita de los mensajeros

En el versículo 7 se menciona que los ancianos de Madián que fueron enviados por Balac. Éste sólo estaba interesado en las consecuencias, no tuvo en cuenta que en esta oportunidad, Jehová era el que llevaba el control de la bendición o maldición (v.8). Balaam siguió la directiva de Dios porque era prioridad (Números 22:13).

II. La desobediencia de Balaam le trajo consecuencias

A. Balaam nuevamente consultó a Dios

Luego Balaam recibió una segunda visita de los mensajeros de Balac (Números 22:15-17). Balac no se dio por vencido fácilmente, como era una persona insistente, la negativa no lo detuvo. (vv.15-17).

Ante la propuesta Balaam dio una tremenda respuesta:"Aunque Balac me diese su casa llena de plata y oro, no puedo traspasar la palabra de Jehová mi Dios para hacer cosa chica ni grande" (v.18). Luego volvió a consultar a Dios, y recibió la indicación de acompañarlos, pero con la expresa aclaración que solamente debía hacer lo que Dios le dijera (vv.19-20).

B. ¡Dios utilizó una asna!

En el camino hacia Moab, tuvo lugar este relato muy especial, donde el asna de Balaam también tuvo gran participación (Números 22:22-35). Cuando el asna vio al ángel de Jehová se apartó del camino, después apretó el pie de Balaam contra la pared, luego como no tenía por donde pasar se echó en tierra y derribó a Balaam, todas las veces recibió azotes de su jinete y por último, como si esto fuera poco, le habló a Balaam (v.30).

C. Una clara advertencia

En estos pasajes parece que ocurrió un extraño cambio de opinión de parte de Dios, luego que envió a Balaam, al parecer Dios se opuso a ello. Lo que sucede realmente es que había algo que debía quedar bien claro. Todo éste suceso del asna y del ángel de Jehová, fue una declarada advertencia para que Balaam tuviera la seguridad de que desobedecer a Dios, le acarrearía consecuencias.

III. La obediencia de Balaam

Por lo menos tres veces Balaam se encontró en la misma situación (Números 23:1-24,27), Balac lo llevó a distintos lugares donde el pueblo se encontraba cercano, para que lo maldijera, allí edificó altares y presentó ofrendas, para consultar a Jehová, pero Balaam fue fiel a lo que Dios le dijo, no podía maldecir a lo que Dios ya había bendecido (Números 23:20).

La obediencia trajo bendición

La obediencia de Balaam le dio la bendición de no perder su vida ni por el ángel, ni en manos del rey (Números 24:25). Es importante como hijos y siervos de Dios busquemos en oración hacer un compromiso con el Señor de serle fieles y obedientes cualquiera sea la situación. También debemos pedirle su ayuda y fortaleza, para hacer su voluntad.

Obedecer o no, esa es la cuestión

Hoja de actividad

Versículo para memorizar: "Y Balaam respondió... Aunque Balac me diese su casa llena de plata y oro, no puedo traspasar la palabra de Jehová mi Dios para hacer cosa chica ni grande" Números 22:18.

I. La invitación de Balac y la respuesta de Balaam

¿A quiénes, y que es lo que envía el rey Balac al adivino Balaam? (Números 22:7). ____________________

____

¿Por qué motivo envía a buscar a Balaam? (Números 22:6).____________________

____

¿Cuál fue la respuesta de Balaam? (Números 22:13). ____________________

____

II. La desobediencia de Balaam le trajo consecuencias

¿Cuál fue la condición que Dios puso a Balaam cuando le permitió acompañar a los mensajeros? (Números 22:20).____________________

____

¿Qué tres cosas hizo la asna cuando vio al ángel de Jehová? (Números 22:22-35). ____________________

____

Con todo lo que pasó en el camino ¿De qué libró la asna a Balaam? (Números 22:33). ____________________

____

¿Cuál era el objetivo de Dios con todos estos acontecimientos? (Números 22:35). ____________________

____

III. La obediencia trae bendición de Dios

¿Qué pide Balaam que prepare Balac para consultar a Jehová? (Números 23:1,14,29). ____________________

____

¿Cuál fue la bendición de Dios para la obediencia de Balaam? ____________________

____

Conclusión

Obedecer o no obedecer, esa es la cuestión. Al igual que Balaam en nosotros esta la decisión y elección de obedecer o no, a Dios y a su Palabra, pero tengamos en cuenta que siempre habrá consecuencias según lo que escojamos.

Distribución de la tierra

Ulises Solís (Guatemala)

I. Las normas para la distribución de la tierra

A. Las instrucciones

Las instrucciones para que Moisés realizara el censo venían de parte del Señor y eran precisas, la tierra se repartiría en heredad de acuerdo a los nombres de cada tribu registrada. Para que esta división fuera justa era importante realizar un censo (Números 26:52-56). Este censo serviría para tener un control específico de cada jefe tribal, y por sobre todas las cosas serviría para mostrar un atributo divino: La Justicia de Dios en el proceso de repartición equitativa.

Aquí tenemos una enseñanza práctica para la iglesia de hoy, de actuar con justicia y amor en todo el quehacer cotidiano, sin importar la posición en que se desempeñe: En la oficina, la universidad, la escuela, trabajo, en los ministerios de liderazgo eclesiástico, etc.

B. Distribución de la tierra

En cuanto al lugar o zona geográfica donde se asentarían, sería determinada por suerte, (vv.55-56). Los judíos usaban el método de escribir los nombres de las tribus en piedras y luego las echaban dentro de un vaso. Enseguida las sacudían hasta que caía una piedra con el respectivo nombre de la tribu y de esa forma la ubicaban en su sitio correspondiente.

En el capítulo 33:50-53, encontramos otras indicaciones condicionantes para poder recibir la tierra por heredad. Los israelitas estaban llegando al final de los años de peregrinación por el desierto y era tiempo de concentrarse en la tierra prometida. Pero debían hacer lo siguiente: Expulsar a los antiguos dueños, con sus ídolos y sus santuarios, que representaban todo el sistema religioso pagano de los cananeos, que podía contaminar en un momento dado la fe de los israelitas.

II. La estrategia de la distribución de la tierra

A. Cumplimiento a las órdenes

La obediencia a la Palabra de Dios, el fiel cumplimiento a sus instrucciones y principios trajeron tremendos dividendos al pueblo de Dios. Dios daría la herencia o sea tierra a las tribus de Israel, pero ellos tenían cierta responsabilidad, (33:54- 56). El pueblo debía expulsar a los antiguos habitantes y destruir la idolatría. Debían cumplir con este mandato tal cual como Dios lo demandaba.

B. Ayudantes designados por Dios

Moisés recibió instrucciones del Señor que incluyeron principios administrativos como "el delegar". Dios mismo nombró a los ayudantes, hombres fieles que se habían identificado muchos años atrás con su causa (Números 34:16-29).

En Números 34:1-12 encontramos que Dios marcó las fronteras que tendrían, era para que reflexionaran y valoraran sobre el regalo y la bondad de Dios para su pueblo. Debemos estar agradecidos como su pueblo con nuestro Dios por su gracia, y su misericordia (1 Tesalonicenses 5:18).

III. Leyes de la herencia divina

Las 5 hijas de Zelofejad se acercaron a Moisés y a Eleazar con una petición (Números 27:1-11). Querían herencia y estaban preocupadas, (v.1). Sus argumentos fueron basados en la justicia. Su padre Zelofejad murió en el desierto por su incredulidad, pero no participó en la rebelión contra Jehová y no tuvo hijos varones y a la segunda generación, Dios le había prometido herencia, porque la primera generación que salió de Egipto murió en el desierto (Números 14:30-35). Ellas reclamaron la heredad entre los hermanos de su padre, (27:3-4).

Moisés llevó el asunto en oración al Señor (27:5) y Dios tomó una decisión jurídica o decreto divino que favoreció para que estas mujeres recibieran heredad y también sirvió como base de un estatuto perpetuo que legislaría el asunto de las herencias en todo Israel (27:6-11).

Distribución de la tierra

Hoja de actividad

Texto para memorizar: "Y habló Jehová a Moisés diciendo: A éstos se repartirá la tierra en heredad, por la cuenta de los nombres" Números 26:52-53.

I. Las normas para la distribución de la tierra

¿Qué propósito tenía el censo según Números 26:53-56? ______________________________

____

____

¿Cómo se determinaría la zona geográfica donde se asentaría cada tribu (Números 26:55-56). __________

____

____

¿Qué debían hacer al pasar el Jordán y entrar a la tierra prometida? (Números 33:50-53). __________

____

____

II. La estrategia de la distribución de la tierra

En la lección encontramos un principio administrativo muy importante que se encuentra en Números 34:16-29. ¿Cuál es? ______________________________

III. Leyes de la herencia divina

Explique en sus propias palabras ¿En qué consiste la ley de la herencia? (Números 27:6-11). __________

____

____

Mencione una virtud de las 5 hijas de Zelofejad: ______________________________

Mencione un atributo de Dios usado en la lección de hoy: ______________________________

____

Conclusión

Podemos apreciar que finalmente heredaron la tierra prometida sólo aquella generación nueva que tenía una actitud positiva al confiar en el Señor y en sus promesas. ¡Que Dios en su gracia nos ayude a confiar plenamente en su Palabra!

Repasando las leyes

Luciano Grillo (Perú)

I. Leyes sociales para vivir en comunidad

A. Purificación del campamento

Dios habló a Moisés y le dijo que mandara a los israelitas a purificar el campamento, echando fuera a todos los leprosos y a toda persona enferma o inmunda (Números 5:1-3). Existía el peligro de la contaminación y la transmisión de la enfermedad.

B. La ley de la restitución

En Números 5:5-10 se explicó al pueblo que cualquier pecado contra el prójimo debía llevar el mismo proceso que los pecados cometidos contra Dios. La restauración es algo importante que Dios no dejó fuera. Los pasos que ésta persona debía dar eran: confesará el pecado (v.7a); compensará el daño (v.7b) y añadirá la quinta parte del costo del daño (v.7c). Las enseñanzas de Jesús ratifican muy bien esta ley dada por Dios (Mateo 5:23-26 y Lucas 19:8).

C. Juicio por adulterio

El juicio por adulterio fue establecido anteriormente y era claro (Levítico 20:10).

El pasaje de Números 5:11-31 se enfoca en casos en que la infidelidad no era evidente, o no podía probarse (v.13) incluso se mencionan los celos que muchas veces hacen ver las cosas distorsionadas de la realidad (v.14) y de las relaciones humanas más íntimas y acerca de los pecados más secretos (vv.11-31). El adulterio debía quedar al descubierto y castigado para mantener la pureza del campamento.

II. Leyes relacionadas con el servicio a Dios

A. Ley del nazareato

En Números 5:1-31 trata de la purificación del campamento haciendo frente a las impurezas y al pecado y en Números 6:1-21 expone cómo era posible la consagración al Señor. Aunque sólo los miembros de la familia de Aarón podían ser sacerdotes, cualquier hombre o mujer podían servir a Dios en forma exclusiva. El tiempo podía variar (desde un mes hasta de por vida) esto era un voto de nazareato. Un voto así lo hacían personas inusitadamente devotas a Dios y dedicadas a su servicio. En Sansón vemos una persona que Dios pidió que fuera nazareo para que se dedicara a él (Jueces 13:1-5).

B. La bendición

En Números 6:22-27 encontramos la bendición sacerdotal como se la conoce generalmente. Se llama así al acto del sacerdote de dar la bendición sobre Israel, tenía por objeto hacer real toda la gracia y bendición de Dios sobre su pueblo. Esta bendición abarcaba todas las áreas necesarias para un respaldo justo y completo de parte de Dios.

La bendición sacerdotal, transmitía por medio del sacerdote la bendición de Dios sobre la vida de la persona. Esto era hecho en el nombre de Jehová. Jesús enseñó a bendecir a todos, aún a los enemigos (Mateo 5:44; Lucas 6:28).

C. Leyes sobre las ofrendas

Ofrendas de olor grato. En Números 15:1-16 encontramos nuevamente las instrucciones sobre los sacrificios (Levítico 1-3). Esto era porque se deseaba recordar como debían hacerse y además se reafirmaba el valor de éstas ofrendas delante de Dios (vv. 3,7,10,13-14).

III. Leyes en cuanto a los votos a Dios

El voto de un hombre es una promesa echa a Dios en Números 30:1-2 hace hincapié en el hecho de que el hombre queda incondicionalmente ligado por un voto verbal.

El voto de mujeres jóvenes (Números 30:3-5) que todavía estuviera viviendo "en casa de su padre" (v.3) estaba sujeto a la aprobación de éste. Si él callaba, los votos de ella seguían adelante y debía cumplirlos (v.4) pero si el padre oía y no estaba de acuerdo con lo que ella prometió, entonces ella no estaba obligada a cumplir su promesa y Dios la perdonaría (v.5).

El voto de mujeres casadas era parecido al de la mujer joven (30:6-8,10-16) pero su marido tenía que responsabilizarse por ratificar o anular el voto.

Repasando las leyes

Hoja de actividad

Versículo para memorizar: "Jehová te bendiga, y te guarde" Números 6:24.

I. Leyes sociales para vivir en comunidad

¿Qué propósito tenía la separación del campamento de todas las personas contaminadas? (Números 5:1-4)

____

____

¿Qué exigía la ley que se encuentra en Números 5:5-10? ¿Qué nos enseñan los siguientes pasajes al respecto Mateo 5:23-26 y Lucas 19:8? ____

____

II. Leyes relacionadas con el servicio a Dios

¿En qué consistía la ley para los Nazareos? (Números 6) ____

____

____

¿En qué consistía "poner nombre de Jehová sobre los hijos de Israel"? (Números 6:22-27) ______________

____

____

III. Leyes en cuanto a los votos a Dios

¿Qué trata el pasaje de Números 30? ____

____

¿Qué tanto se cumplen las promesas en nuestro tiempo?____

____

¿Somos los cristianos ejemplos en el cumplimiento de las promesas? ¿Por qué?______________________

____

____

Conclusión

No importa el tiempo que pase, Dios espera que su pueblo sea santo y siga sus mandamientos; por ningún motivo debemos alejarnos de los mandamientos de Dios entonces veremos la recompensa.

Las ofrendas

Eudo Prado (Venezuela)

I. ¿Para qué eran las ofrendas?

El pasaje para el estudio de esta primera parte de la lección se encuentra en Números 7:1-11. Se refiere a momentos cuando el pueblo de Israel organizaba su vida como nación. Se observa que uno de los primeros pasos importantes que dieron los israelitas en la organización de su religión fue la institución de las ofrendas.

A. ¿Qué es una ofrenda?

Los israelitas ofrecían sus ofrendas a Dios, mucho antes de su reglamentación a través de la ley levítica (Levítico 1-7). Una ofrenda era básicamente un presente que se ofrecía a Dios como muestra de respeto, gratitud y devoción (Números 7:2-3).

B. La importancia de las ofrendas

Puede observarse, en primer lugar, el uso cuidadoso de las ofrendas por parte de Moisés de acuerdo al expreso propósito de Dios (Números 7:4-5). De acuerdo a varios comentaristas, lo estricto de los mandamientos divinos que había recibido le hizo dudar de si podría decidir en este asunto sin recibir órdenes directas de Dios.

II. ¿Cómo ofrecía las ofrendas a Dios el pueblo de Israel?

Muchas veces, cuando ofrendamos lo hacemos como si se tratara de un hecho rutinario y meramente ceremonial, que no tiene mayores implicaciones en nuestra relación con Dios. Pero eso no debe ser así de acuerdo a la Biblia.

A. En las ofrendas se entregaba lo mejor para Dios

Los israelitas dieron las cosas más preciosas para la construcción del tabernáculo, porque Dios pidió lo mejor para su santuario Éxodo 25:1-9. Cuando damos lo mejor y más precioso de cuanto tenemos para Dios estamos reconociendo su dignidad y grandeza, y siendo agradecidos por sus beneficios.

B. Las ofrendas eran ofrecidas continuamente

Números 28 y 29, nos enseña que había una progresividad en la presentación de las ofrendas, pues estas eran diarias (28:1-8), semanales (28:9-10), mensuales (28:11-15) y anuales (28:16-29:40). La variedad de las ofrendas que se ofrecían, era conforme Dios mismo lo había requerido. Cada una de ellas tenía un propósito definido y un significado claro.

C. Las ofrendas promovían la santidad

En Números 29:7-11, encontramos la referencia a la ocasión más solemne de la adoración en todo el año: El Día de la Expiación (Levítico 16). Las ofrendas que se presentaban en este día tenían el propósito de hacer una purificación completa. Se incluía al Sumo Sacerdote y su familia, el altar, el santuario, el tabernáculo de reunión, y toda la congregación de Israel. Aquí vemos un propósito fundamental de las ofrendas: Crear en los israelitas una plena conciencia de la santidad de Dios.

III. Las ofrendas hoy

A. El amor de Jesús, la mayor motivación a ofrendar

En 2 Corintios 8 y 9 Pablo exhortó a los cristianos a ofrendar generosamente para socorrer a los creyentes pobres de Jerusalén. Pablo explica que las iglesias de Macedonia, a pesar de no contar con muchos recursos materiales, y estar pasando por una dura prueba "abundaron en riquezas de su generosidad" (2 Corintios 8:2). No hay ninguna excusa para no ofrendar generosamente ¡ni siquiera la pobreza! (2 Corintios 8:9).

B. Dios ama al dador alegre

Uno no debe ofrendar por compulsión ni por obligación, sino con un sincero deseo de agradar a Dios. Cuando damos una ofrenda, cualquiera sea el propósito de ella, lo hacemos para la gloria de Dios. Entonces, lo que más debería preocuparnos es lo que piensa Dios acerca de ella (2 Corintios 9:7).

Las ofrendas

Hoja de actividad

Versículo para memorizar: "Y los príncipes trajeron ofrendas para la dedicación del altar el día en que fue ungido, ofreciendo los príncipes su ofrenda delante del altar" Números 7:10.

I. ¿Para qué eran las ofrendas?

¿Cuál fue uno de los pasos importantes que dio el pueblo de Israel en la organización de su religión? (Números 7:1-11). ______________________________

____

En sus propias palabras, ¿cómo definiría la ofrenda? ______________________________

____

¿Cuál es la importancia de nuestras ofrendas para la Obra de Dios? ______________________________

____

II. ¿Cómo ofrecía las ofrendas a Dios el pueblo de Israel?

¿Por qué debemos dar lo mejor para Dios? (Éxodo 25:1-9). ______________________________

____

¿Qué relación tienen las ofrendas con la santidad? ______________________________

____

III. Las ofrendas hoy

¿Qué enseñó Pablo en cuanto a las ofrendas en Romanos 15:25-28 y 2 Corintios 8:1-2? ______________________________

____

¿Cuál es nuestra mayor motivación para ofrendar?______________________________

____

¿Qué significa dar a Dios con alegría? ______________________________

____

Conclusión

Las ofrendas de un cristiano reflejan claramente su relación con Dios ¿Ofrendamos nosotros de acuerdo a los principios bíblicos? ¿Estamos plenamente conscientes que de nuestra responsabilidad y generosidad con las ofrendas depende el desarrollo de la iglesia?

Una recompensa merecida

Ela González (Guatemala)

I. El pecado y la moral

A. La instrucción de Dios para Israel

Entre los mandatos de Dios para con su pueblo escogido estaba el de no hacer alianzas ni emparentarse con los habitantes de las naciones paganas, (Deuteronomio 7:3-4). Esta prohibición la estableció Dios porque Israel al hacer alianzas, acuerdos, pactos, matrimonios, adoptaba la adoración a dioses paganos que rendían culto a la naturaleza, los astros del cielo, animales, la fertilidad, prácticas sexuales depravadas, prostitución, entre otros ritos.

B. Los pecados sexuales y la relación con Dios

En Números 25:1-2, narra que los israelitas se mezclaron con los pueblos paganos, y dieron lugar a la cultura de adoración a sus dioses, lo que implicó un adulterio espiritual. El pueblo de Israel, se representaba como la esposa, o sea la iglesia de hoy. Jehová como esposo no estaba dispuesto a aceptar que su esposa sea adúltera, deslizándose tras otros dioses. Fue necesario eliminar los pecadores y la causa del pecado mismo (Números capítulos 25 y 30).

II. Destrucción del pueblo de Madián

A. El enemigo en casa

Generalmente el enemigo se encuentra a distancia o alrededor, pero en este caso, se encontraba dentro del territorio de los israelitas quienes lo dejaron entrar, es más, ellos mismos trajeron las mujeres moabitas a sus tiendas (Números 25:1-2). Esto mismo pasa en nuestras vidas, nos contaminamos abriendo puertas, damos lugar y accedemos a probar la dulzura del pecado, el que trae consigo muerte según dice la Palabra de Dios en Romanos 6:23.

B. El pecado afecta a la familia

El pecado hace pensar con egoísmo, que quien sufrirá las consecuencias es el que lo comete, pero recordemos que Satanás es mentiroso y padre de mentira y la realidad es otra. Los seres amados son los que sufren las consecuencias del pecado, la familia se ve afectada cuando uno de sus miembros se contamina (Deuteronomio 5:9). Fue el caso de los israelitas que se mezclaron con las madianitas y Dios ordenó la destrucción total de los transgresores, (Números 31:1-6).

C. Exterminando la causa del pecado

Dios ordenó al pueblo ir a la guerra contra Madián, para su destrucción total (Números 31:1-2). Se cumplió a medias, porque le perdonaron la vida a las mujeres y a los niños de ambos sexos, (Números 31:7-12). Pero al llegar Moisés ordenó que fueran ejecutadas todas las mujeres que habían tenido relaciones sexuales y los niños varones, dejaron con vida únicamente a las mujeres vírgenes (Números 31:13-18).

III. Dios recompensa la fidelidad

A. Fidelidad y celo por la santidad

Finees, se armó de valor para eliminar a un necio, quien llevó a una madianita a su tienda (Números 25:6-8). Dios estaba furioso y con deseos de consumir al pueblo, sin embargo, que un justo haya complacido a Dios en obediencia y celo por la santidad, le dio una recompensa (vv.7-9) y Dios confirmó su pacto (vv.10-13).

B. El botín de recompensa

Es interesante que en ésta ocasión todo el botín fue purificado, provenía de un pueblo pagano, (Números 31:41-47). De igual manera, todo lo que ganamos, debe ser dedicado al Señor, que su uso sea para gloria de Él.

C. Recompensas para nosotros

Al igual que en el Antiguo Testamento en el Nuevo Testamento, están marcadas muchas promesas como recompensa para quienes estamos en Cristo. La primera, es la salvación de nuestra alma (1 Corintios 15:20-21). A nosotros que no éramos pueblo, hemos sido hechos sus hijos, y si hijos, también coherederos junto con Cristo Jesús.

Una recompensa merecida

Hoja de actividad

Versículo para memorizar: "Por tanto diles: He aquí yo establezco mi pacto de paz con él" Números 25:12.

I. El pecado y la moral

¿Cuál fue el pecado del pueblo según Números 25:1-2? ______________________________

____

¿Cree usted que el pecado puede destruir la moral? ______________________________

¿Qué influencia tiene el pecado en una sociedad? ______________________________

____

II. Destrucción del pueblo de Madián

¿Qué ordenó Dios después al pueblo? (Números 31:1-2). ______________________________

____

¿Quiénes fueron llevados al campamento como parte del botín? (Números 31:7-12). ______________

____

¿Cómo puede destruir a la familia el pecado de uno de sus integrantes hoy? ______________

____

III. Dios recompensa la fidelidad

¿Cómo actuó Finees ante el pecado de un hombre del pueblo? Números 25:6-9? ______________

____

¿Cómo recompensó Dios a Finees por terminar con el pecado? (Números 25:10-13)? ______________

____

¿Qué debemos hacer con el pecado en nuestras vidas? (Colosenses 3:5). ¿Cómo lo podemos hacer? ______

____

Conclusión

Tomemos la iniciativa de salvarnos y compartir el mensaje del evangelio a otros que nos rodean. La misma petición de oración que Jesús puso delante de sus discípulos, debemos hacerla, ya que la mies es mucha y los obreros pocos.

La vida en el desierto

Patricia Picavea (Argentina)

I. Importancia de los censos

A. El liderazgo

El reconocimiento de los recursos militares y la experiencia de los jefes de las casas en identificar recursos eran de vital importancia a la hora de ubicar los ejércitos de manera estratégica. Esto permitió determinar el orden en el que los escuadrones marcharon y en las posiciones en las que cada tribu acampó con sus ejércitos. Números 2:34 indica que hacerlo en este orden y con este cuidado permitió a los hijos de Israel llevar a cabo la tarea "conforme a todas las cosas que Jehová mandó a Moisés".

De esta manera, cada líder de tribu también pudo tener un control de los recursos con los que disponía y le facilitó el trabajo en el apoyo militar y en otras aportaciones que brindaban al pueblo (Números 26:52-53).

De igual manera, una iglesia desorganizada tiene serias dificultades a la hora de realizar su misión. Es necesario que los recursos no solamente estén debidamente identificados, sino que estén estratégicamente ubicados, a fin de que rindan los frutos que de ellos se esperan.

B. Responsabilidades de los siervos de Dios

Los levitas entraron en escena como una tribu especial. Ellos no ofrecían los sacrificios al Señor, ésta y otras actividades eran especiales y sólo Aarón y sus hijos como sacerdotes debían realizarlas (1 Crónicas 6:49; Números 3:10). Cada familia de la tribu de Leví tenía una función específica dentro del tabernáculo (Números 3:5-9; 1 Crónicas 9:14-44).

II. La relación del pueblo con Dios

A. La dirección y presencia constante de Dios

La nube era una señal de su presencia confiable (v.16). Su presencia requería constante atención (Números 9:17). A través de esta revelación, el pueblo de Israel discernía la dirección de Dios para su jornada. Requería confianza plena en Dios. Hoy el creyente es guiado internamente por el Espíritu Santo. Ahora el creyente es ese "tabernáculo" sobre el cual y en el cual mora la presencia de Dios a través del Espíritu Santo.

B. La disconformidad del pueblo

El pueblo una vez más estaba inconforme por la provisión divina y se quejó (Números 11:1). Esto hizo que Jehová ardiera en ira. Tristemente, a pesar de la provisión divina, ésta llegó acompañada de juicio y castigo para los desobedientes. La ira del Señor se encendió contra el pueblo con una plaga muy grande (Números 11:33). La Biblia dice que "el pueblo codicioso" fue sepultado en aquél lugar.

III. La equidad de Dios

La tierra se repartiría en heredad de acuerdo a los nombres de cada tribu registrada. Para que esta división fuera justa era importante realizar un censo (Números 26:52-56). Este censo serviría para tener un control específico de cada jefe tribal, y por sobre todas las cosas serviría para mostrar un atributo divino: La Justicia de Dios en el proceso de repartición equitativa. La justicia divina se mostró hasta en los asuntos terrenales: Las tribus más numerosas recibirían más herencia (Números 26:53-54).

IV. ¿Cómo espera Dios que sean nuestras ofrendas?

Una ofrenda era básicamente un presente que se ofrecía a Dios como muestra de respeto, gratitud y devoción. En Números 7:2-3 vemos la importancia de que los líderes sean los primeros en dar un ejemplo de generosidad y desprendimiento al dar para la obra de Dios. El ofrendar era un acto de adoración. Además, de aquí se deriva otra enseñanza muy importante, y es que, toda ofrenda tenía como fin principal la adoración a Dios, (Números 7:3a). Las ofrendas siempre se presentaban a Dios con mucha reverencia y solemnidad.

La vida en el desierto

Hoja de actividad

Versículo para memorizar: "Si Jehová se agradare de nosotros, él nos llevará a esta tierra, y nos la entregará: tierra que fluye leche y miel" Números 14:8.

I. Importancia de los censos

De acuerdo a lo que aprendió en el trimestre ¿Cómo explicaría en sus palabras la importancia de los censos que Dios hizo a su pueblo? ____

____

____

II. La relación del pueblo con Dios

En el tiempo que se escribió el libro de Números, ¿cómo era la relación de Dios con el pueblo? ¿Encuentra algún parecido a la relación de la iglesia con Dios hoy? ____________________________________

____

____

III. La equidad de Dios

¿Cómo se vio la equidad de Dios en su actuar con su pueblo en el libro de Números? ________________

____

____

¿Cómo vemos hoy la equidad de Dios en su actuar con la iglesia? ________________________

____

IV. ¿Cómo espera Dios que sean nuestras ofrendas?

¿Cuál es nuestra actitud hoy al ofrendar? ¿Lo estamos enseñando y haciendo correctamente? ____________

____

____

Conclusión

El libro de Números es un libro que nos ayuda a conocer más a Dios en su actuar con su pueblo. Un Dios justo y misericordioso pero también a un Dios que no se agrada de las quejas, murmuraciones y desobediencia. Cuidemos estos detalles en nuestras vidas.

Hinduismo

Alberto y Rosa Ainscough (Argentina)

I. Historia

Se estima que el 15.48 % de la población del mundo son hindúes. De esta población el 98.475 % se encuentra en la India y el sudeste de Asia. Se reconocen varios períodos en la historia del Hinduismo y esta historia denota la evolución de un sistema religioso complicado.

II. Prácticas

Ellos proclaman que el objetivo sublime del Hinduismo es dejar atrás las cosas materiales del mundo y unirse con el supremo dios Brahmá,"el uno". Esta unión se realiza no sólo por oraciones y rituales sino también con un estilo de vida que toma en cuenta los ideales del Hinduismo: Pureza, autocontrol, la verdad, la no violencia, la caridad y una profunda compasión hacia todos los seres vivos y amor a la vida de cualquier forma.

Si bien hay algunas creencias centrales comunes a todos los hindúes, realmente no hay ninguna "ortodoxia hindú". En realidad, es una rama de creencias y prácticas que se han ido desarrollando en forma gradual. Hay grupos filosóficos que son panteístas y a la vez existen millones de dioses que en el Hinduismo popular son venerados en sus templos, con fiestas especiales; todos son aspectos de Brahmá. Algunos son muy estrictos en sus rituales y sus creencias.

III. Creencias

Hay dos creencias fundamentales en el Hinduismo: Lo que creen acerca de la fuente del mal y el sufrimiento y lo que creen acerca de la vida después de la muerte.

A. El karma

La primera de estas creencias centrales es la doctrina del Karma. La palabra "karma" significa "acción". Pero el concepto religioso tiene que ver más con los resultados o consecuencias de las acciones. Si una persona miente o roba se verá perjudicada de alguna forma en el futuro. Los hindúes creen que todo sufrimiento se debe a acciones del pasado, sea en esta vida o en una anterior. Algunos creen que el karma implica un estricto determinismo o fatalismo (que uno debe simplemente resignarse a vivir con su karma). La mayoría, sin embargo, cree que si bien nuestro presente está determinado por nuestro pasado, no obstante podemos influir en nuestro futuro conduciéndonos de forma correcta en el presente.

B. Samsara

La segunda creencia central del Hinduismo es la doctrina de la reencarnación, o de la trasmigración de las almas, llamada "samsara". Dado que es imposible que todo el karma de una persona sea experimentada en una vida, las escrituras hindúes afirman que después de la muerte las almas individuales "renacen" en este mundo en otro cuerpo-humano u otra forma de vida.

C. La salvación en el Hinduismo

Los hindúes proclaman tres maneras de llegar a salvarse: El camino de las buenas obras por las cuales podrán vencer el peso del karma malo que se tiene acumulado. El camino del conocimiento o iluminación, y es aquí que entra la práctica del yoga. El camino de la devoción. Este es el más elegido por la gente común de la India; satisface el deseo de un acercamiento más emocional y personal a la religión. En el camino de la devoción, el foco está en obtener la ayuda y misericordia de un dios para lograr la liberación del ciclo de la reencarnación.

IV. Estrategia misionera

La Iglesia del Nazareno actualmente tiene 74 equipos de la película Jesús recorriendo la India en 10 idiomas distintos. Llegan a una población, muestran la película, toman nota de los interesados y trabajan con ellos por dos semanas discipulándolos. Si se constituye un grupo, envían a un pastor para que siga la obra hasta establecer una iglesia. Hoy hay 1200 iglesias en diez idiomas distintos.

Hinduismo

Hoja de actividad

Texto para memorizar: "Porque de tal manera amó Dios al mundo, que ha dado a su Hijo unigénito, para que todo aquel que en él cree, no se pierda, mas tenga vida eterna" Juan 3:16.

I. Historia

¿Cómo se llama el hospital nazareno en la India? No se olvide de orar por dicha obra. ____________________

____

¿Dónde se encuentran la mayoría de personas que practican el Hinduismo? ____________________

____

II. Prácticas

¿Cuál es el objetivo sublime del Hinduismo? ____________________

____

¿Cómo se realiza la unión con Dios? ____________________

____

III. Creencias

¿Cuáles son sus creencias centrales? ____________________

____

¿Cuáles son los tres conceptos de salvación el Hinduismo? ____________________

____

IV. Estrategia misionera

¿Cuál es la clave para evangelizar a un hindú? ____________________

____

¿Con que gente se encontró Pablo que tenían creencias parecidas al Hinduismo? (Hechos 17:16-23). ______

____

¿Qué nos enseñan Éxodo 13:24; Deuteronomio 7:25; Hechos 19:19 en cuanto a tener otros dioses? ______

____

Conclusión

Debemos tener claro el mensaje de salvación para poder vivir bajo las enseñanzas de Jesucristo y compartirlas con todo el que aún no le conoce.

El Judaísmo

Fellipe Leão (Brasil)

I. El propósito de Dios al escoger a los judíos

Cuando Dios llamó a Abraham era un llamado misionero. Dios escogió a Israel como un pueblo que podría revelarlo a las otras naciones, para bendecir a todas las familias del mundo (Génesis 12:2-3). Él quiso que fuera una comunidad que siguieran sus preceptos. Los llamó a ser mediadores o "sacerdotes" entre Él mismo y los pueblos paganos (Génesis 12:3; Éxodo 19:5-6). Por la gracia de Dios Jesús nació de la tribu de Judá (Mateo 1:1-3) en Israel. La única forma en que los judíos podrán ser salvos como nación será recibiendo a Jesús como su Salvador, como declaró Pablo en Gálatas 6:15-16. La última frase (v.16) sugiere que el pueblo de Dios (judíos y gentiles creyentes) es el "Israel de Dios."

II. El judaísmo como religión y cultura

El Judaísmo es la religión y hasta cierto punto, la cultura de un único pueblo, cuyos miembros, en el transcurrir de su historia de cerca de cuatro mil años, fueron conocidos como hebreos, israelitas y judíos.

Además, el judaísmo es considerado la primera religión monoteísta en la historia (Deuteronomio 6:4). Defiende un conjunto de doctrinas que lo distingue de otras religiones. Dentro de la visión judía del mundo, Dios es un creador activo en el universo que influencia la sociedad humana y en la cual, el judío es aquél que pertenece a un linaje especial por un pacto eterno con Dios.

III. Historia moderna de Israel

Después del exilio exigido por los romanos en el año 70 d.C., los judíos emigraron a Europa y África del Norte. En esta diáspora, establecieron una rica vida cultural y económica, contribuyendo en gran medida a las sociedades en las que vivían. Sin embargo, continuaron con su cultura nacional y sus oraciones para regresar a Israel. En la primera mitad del siglo XX hubo de nuevo grandes olas de inmigración de los judíos a Israel desde países árabes y desde Europa. Durante el mandato británico en Palestina, los judíos fueron objeto de gran violencia. Y en la Segunda Guerra Mundial, fueron diezmados por el régimen nazi en Alemania. En 1948, la comunidad judía en Israel restableció la soberanía sobre su patria ancestral. La declaración de independencia fue anunciada el día en que las últimas fuerzas británicas abandonaron Israel (14 de mayo de 1948). Actualmente, Israel se encuentra luchando por su soberanía frente a los estados islámicos que se oponen a la presencia de los judíos en Palestina.

IV. Las creencias básicas

Los judíos creen que YHWH (Jehová) es el creador del universo, un ser omnipresente, omnipotente y omnisciente, que domina toda la creación y tiene una relación especial con el pueblo judío. El libro sagrado es la Toráh, revelado directamente por Dios. El pecado más mortal de todos es la idolatría.

V. Los principales grupos judíos

Judaísmo reformado: En América, más de un tercio de los judíos se adhirió al movimiento reformista, que en principio era excesivamente radical, despreciando la tradición rabínica.

Judaísmo conservador: El reformismo es un movimiento surgido en Alemania en el siglo XIX y tiempo después se propagó por América. Este movimiento surgió como una doble reacción, contra la reforma por un lado, y contra la ortodoxia, por otro.

Judaísmo ortodoxo: Corriente que se caracteriza por la observación rigurosa de las costumbres y rituales en su forma más tradicional.

Judaísmo mesiánico: Movimiento cristiano judío que acepta Jesús, como el Mesías prometido. Usan el término mesiánico por ser esta palabra de origen hebrea, mientras que cristiano es de origen griego, o gentílico.

El Judaísmo

Hoja de actividad

Versículo para memorizar: "Y haré de ti una nación grande, y te bendeciré, y engrandeceré tu nombre, y serás bendición" Génesis 12:2.

I. El propósito de Dios al escoger a los judíos

¿Cuál era la misión que Dios dio a Abraham y a su pueblo Israel? (Génesis 12:2-3). ____________________

____

¿Los israelitas cumplieron con esta misión dada en el tiempo del Antiguo Testamento? ¿Por qué? ____________________

____

____

II. El judaísmo como religión y cultura

Nombre algunas de las costumbres judías particulares que conozca. ____________________

____

____

III. Historia moderna de Israel

¿Qué imperios controlaron a Israel?¿Cuál es la situación hoy? ____________________

____

____

IV. Las creencias básicas

¿Cuáles son algunas de las creencias básicas del judaísmo? ____________________

____

¿Cuáles son los diferentes grupos dentro del judaísmo? ____________________

____

____

¿Dónde celebran sus cultos actualmente? ____________________

____

¿Son cristianos los judíos mesiánicos? ¿Qué piensa? ____________________

Conclusión

Los judíos no tienen una población muy grande en el mundo pero siguen siendo importantes actores en la escena global. Hay muchos judíos secularizados, lo cual refleja que un judío no necesariamente tiene que ser un fiel seguidor de la religión judía.

El Taoísmo

Dorothy Bullón (Costa Rica)

I. Historia del Taoísmo

Hay dos personajes del sexto siglo a.C.,que se nombran como fundadores, Lao-Tsé y Chuang-Tsé, aunque no hay datos confiables de que Lao-tsé existió. Lo que sí queda es el escrito antiguo llamado "el Daodejing" (el libro de la vía y el poder, o del camino y la virtud) la siguiente cita ilustra su estilo:"El camino del cielo es saber vencer sin combatir, responder sin hablar, atraer sin llamar, y actuar sin agitarse" (Cap. 73).

Con el tiempo, a la filosofía taoísta se le agregaron dioses tradicionales, del hogar, dioses territoriales, guardianes de las puertas y los ocho inmortales (un grupo de deidades de la mitología china). Todos son dioses pequeños y no hay ningún dios importante o superior.

II. Creencias Tao

Existen dos principales expresiones del taoísmo. En primer lugar el enfoque filosófico, basado en los escritos de Lao-tsé y Chuang-tsé; y el taoísmo religioso, que al haber sido adoptado por una gran cantidad de gente también se lo llama taoísmo popular.

El "Tao" o "Dao" es el camino, la vía, la ley de la naturaleza, o el método. El Tao es una fuerza impersonal y es el origen de todo lo demás; nutre a todas las criaturas y todos los seres. Es inmutable, es la verdad absoluta, lo que los sabios han buscado a través de la historia humana. Creen que al vivir en armonía con el Tao, uno podría llegar a ser inmortal.

El objetivo de la sabiduría taoísta, es adecuar la vida cotidiana al Tao, deleitarse en su corriente y finalmente unirse a él. La forma básica de hacerlo es desprenderse de los deseos. En este último punto concuerdan con los budistas, que el meollo del problema del ser humano es el deseo.

Prácticas religiosas

En la misma manera que el hindú o el budista, el taoísta guiado por un maestro puede practicar la meditación usando una mantra para despertar el ser interno y entrar en un estado de conciencia alterado donde creen que su ser es limpiado, y entra en equilibrio con el Tao.

III. El Taoísmo occidentalizado

En la era contemporánea, la desencantada sociedad occidental volvió su mirada hacia el oriente, en busca de un poco de luz. Sin embargo, hay una tendencia de seguir modas pasajeras sin entender tradiciones genuinas. Es así que muchos hacen ejercicios "Tai-Chi", cuyo propósito genuino es sintonizar el cuerpo humano mediante una serie de ejercicios y ritmos, para ganar así serenidad mental y energía física, manteniendo el equilibro. En América Latina, muchos centros de adultos mayores ofrecen clases de "Tai Chi". Nosotros los cristianos tenemos la paz que nos dio Jesús (Juan 14:27; 16:33; 29:19).

La gente trata de diseñar su casa copiando el "fengshui", sin reconocer que para un taoísta esto es una manera muy importante para controlar la influencia positiva de "chi" o energía para atraer el éxito. Como cristianos tenemos el éxito o la victoria en Dios (Proverbio 21:31; I Corintios 15:57).

Las artes marciales como el "Kung-fu", y el "Boxeo de Shaolin", se ven profundamente influenciadas por el taoísmo, no para atacar pero para controlar o equilibrase a sí mismo y defenderse.

IV. La obra de Dios entre los chinos

La iglesia pasó por muchas pruebas y persecución en los primeros años de la revolución maoísta. Desde 1979, el gobierno chino abrió la puerta al cristianismo pero bajo su control. El pueblo chino con sus costumbres coloridas de rojo y oro, acompañados de dragones y aves fénix, de festivales y música diferente a nuestros oídos, expresa influencias taoístas milenarias. Dios está obrando y levantando un pueblo muy grande de gente que ha visto en Cristo la respuesta a su búsqueda.

El Taoísmo

Hoja de actividad

Versículo para memorizar: "Te alabo, Padre, Señor del cielo y de la tierra, porque ocultaste estas cosas a sabios y a inteligentes, y las revelaste a niños. Sí, Padre, porque así fue de Tu agrado" Lucas 10:21.

I. Historia del Taoísmo

¿Quiénes son los dos fundadores del Taoísmo? ______________________________

____

II. Creencias Tao

¿Ponga en sus propias palabras el sentido del "Tao"? ______________________________

____

¿Explique el concepto del Yin-Yang?¿Dónde lo encontramos actualmente? ______________________________

____

____

III. Prácticas religiosas

¿Cuáles son los elementos populares de la religión Taoísta? ______________________________

____

____

IV. El Taoísmo occidentalizado

¿En qué formas está el Taoísmo presente en nuestras culturas latinoamericanas? ______________________________

____

____

¿Cómo podemos contrarrestar esa influencia como cristianos? ______________________________

____

____

Conclusión

Mientras hay gente evangelizando en China, el occidente va adoptando costumbres taoístas en su búsqueda por el sentido de la vida. Cuidado con las cosas que compramos.

El Budismo

Raúl Soto (Chile)

I. La historia del budismo

El budismo se desarrolló a partir de las enseñanzas difundidas por su fundador, Siddhārtha Gautama (560-480 a.C.).Éste nació como príncipe en un palacio, en el noroeste de la India, alrededor del año 560 a.C. A pesar de la protección que le daba su padre alcanzó a salir del palacio en cuatro oportunidades, ocasiones en las que vio por primera vez en su vida a un anciano, un enfermo, un cadáver y por último a un asceta; realidades que desconocía personalmente y que le afectaron profundamente.

El joven príncipe decidió irse de casa en búsqueda de la solución al problema del sufrimiento. Siguió las enseñanzas de algunos guías hindúes y vivió una vida sumamente ascética pero no encontró la paz que buscaba. Dicen que comía un grano de arroz por día y casi estuvo cerca de la muerte. Fue un día que recibió la iluminación convirtiéndose en el Buda, "el ser iluminado". Sus enseñanzas fueron escritas cuatrocientos años después de su muerte. Sus enseñanzas representan una simplificación del hinduismo.

II. Fundamentos del budismo

El problema que el budista trata de resolver es el del sufrimiento. La salvación budista aquí es conseguir una paz personal, liberado del peso del sufrimiento y a la larga es salir del círculo de las reencarnaciones y entrar en Nirvana. Creen en "samsara" el círculo de la vida y la reencarnación o como los budistas lo prefieren llamar, el renacimiento. Creen en el "karma" como una ley cósmica de retribución. El buen karma ayuda a una persona a llegar más rápido al Nirvana.

A. La cuatro grandes verdades

El budismo tiene cuatro grandes verdades, ellas son: Toda existencia es sufrimiento.

El origen del sufrimiento es el anhelo o deseo. El sufrimiento puede extinguirse, quitando su causa. Para extinguir la causa del sufrimiento, hay que seguir el "noble camino óctuple". Este camino comprende la sabiduría, la conducta ética y el entrenamiento o cultivo de la mente y corazón, por medio de la meditación, la atención, y la plena consciencia del presente de manera continua.

B. El Dharma

"Dharma" significa 'protección' que se da siguiendo las enseñanzas del Buda. Practicar el budismo es la verdadera manera de vivir y protegerse del sufrimiento y es el camino hacia la iluminación.

C. El noble camino óctuple

Este sendero medio es llamado el "Noble Óctuple Sendero", consta de ocho factores: • Recta comprensión • Recto pensamiento • Rectas palabras • Recta acción • Rectos medios • Recto esfuerzo • Recta atención • Recta concentración o meditación correcta

D. El culto budista

En Asia, y aun en el occidente uno puede encontrar hermosos templos budistas. No tienen servicios ni un día especial para su culto, aunque algunos gurús enseñan a grupos en el templo. Los templos están abiertos para todos. Un buen budista sacará sus zapatos al entrar en el templo. Llevará flores para poner en el altar del Buda o quemará incienso mientras hace mucha reverencia ante el Buda. Muchas familias budistas tienen su imagen de Buda en un cuarto en su casa y allí adoran como familia sin la necesidad del ir al templo.

III. ¿Cómo evangelizar a un budista?

Los budistas buscan la felicidad por medio de tratar de liberarse del sufrimiento. Para el cristiano, el gozo y el dolor son dos partes integrantes de una vida de servicio a Dios (2 Corintios 4:7-18; 1 Tesalonicenses 1:6; Santiago 1:2-4). Nuestro maestro sufrió la máxima pena para que nosotros recibamos la salvación y paz con Dios(Isaías 53:5; Juan 15:13; Hebreos 12:2, 1 Pedro 3:18, Apocalipsis 5:9).

El Budismo

Hoja de actividad

Versículo para memorizar: "Estad siempre gozosos. Orad sin cesar. Dad gracias en todo, porque esta es la voluntad de Dios para con vosotros en Cristo Jesús" I Tesalonicenses 5:16-18.

I. La historia del budismo

¿Cómo comenzó el budismo? ______________________________

____

____

II. Fundamentos del budismo

¿Cuáles son las creencias? ______________________________

____

____

¿Cuáles son las prácticas de los budistas? ______________________________

____

____

III. ¿Cómo podemos evangelizar a un budista?

¿Cómo presentaría a Cristo a una persona budista? ______________________________

____

____

____

Conclusión

Sabemos que el verdadero camino es Jesús y debemos orar para que muchos budistas que están buscando la felicidad y la rectitud puedan encontrarlas en las enseñanzas de Jesús.

El Neopaganismo

(Paganismo contemporáneo)

Patrick Van der Plaat (Holanda)

I. Historia del Neopaganismo

A. El primer período: El paganismo (hasta 313 A.D.)

El mundo antiguo fue casi exclusivamente pagano, aparte de la nación de Israel que confesó una fe monoteísta. Todos los grandes imperios del mundo (egipcio, babilónico, asirio, griego y romano) compartieron una cosmovisión politeísta. Había muchos dioses en quienes creer.

B. El segundo período: El cristianismo (313–1945)

Después del tiempo del emperador Constantino, el Cristianismo llegó a ser la religión oficial del estado. El paganismo llegó a ser un elemento no deseable de la sociedad. La iglesia adquirió cada vez más poderes. Así llegó un tiempo muy difícil para los paganos y otros "herejes", quienes fueron ejecutados o excomulgados. Sin embargo, el paganismo nunca dejó de existir en el occidente y aun la iglesia adoptó prácticas y creencias que surgieron de ello, por ejemplo, guardar días santos, el culto a María, la adoración de los santos, (entre otros).

C. El tercer período: El neopaganismo (1945 al presente)

El despertar del paganismo en el siglo XX marca un nuevo período que probablemente comenzó después de la Segunda Guerra Mundial. El cristianismo vio una reducción dramática debido a las fuerzas de la secularización y la globalización que contribuyeron a crear un renovado interés en el mundo espiritual, pero desde una perspectiva no cristiana. En la medida que el neopaganismo creció en Europa y Estados Unidos, el cristianismo comenzó a perder terreno, aunque el neopaganismo no es un producto exclusivo de la secularización y la globalización y la sociedad occidental pos-cristiana. Hay raíces del neopaganismo en África (el animismo) y América Latina (sincretismo de elementos paganos con la Iglesia Católica Romana).

II. El Neopaganismo y sus formas

Es muy difícil comprender plenamente el neopaganismo porque existe una enorme variedad de prácticas, creencias y ética entre sus grupos. El término neo-pagano abarca y cubre muchas denominaciones. Cada continente y país tiene su forma particular de practicar el neopaganismo.

III. Una mirada de cerca al movimiento "Wicca"

Los Wiccas tienen una cosmovisión politeísta que implica que en su manera de ver las cosas hay lugar para más de un dios (en contraste con los sistemas monoteístas del cristianismo, judaísmo y el islam). Usualmente los Wicca adoptan una forma dualista de su deidad, como una pareja, de dios/diosa.

IV. El desafío de testificar a los neopaganos

A. Puntos de contacto para alcanzar a neopaganos

Los neopaganos no rechazan necesariamente a Jesús como un personaje histórico. En realidad, lo respetan y aun lo consideran como un dios con poderes mágicos; algunos creen que Jesús era un brujo por sus acciones milagrosas. En general, los neopaganos tienen una idea completamente distorsionada acerca de quién era Jesús. Jesús vino al mundo con una misión. Vino para salvar al hombre de su naturaleza corrompida por el pecado (1 Juan 3:5-6).

B. Testimonio cristiano acerca de la Biblia

Para los cristianos la Biblia es guía y referencia para la conducta y salvación personal (2 Timoteo 3:15-16). Los neopaganos respectan algunas partes de la Biblia, pero rechazan su última autoridad como el único camino a la salvación. Es importante mostrarles gradualmente el valor de la Biblia, su contenido único, carácter y propósito. (Salmo 119:105; Juan 5:39-40; 1 Pedro 2:2). Los neopaganos buscan experiencias sobrenaturales, y poder, usualmente empleando la magia, hechizos y fórmulas especiales. El Dios de la Biblia es un Dios de poder que actúa por medio de la oración (Salmo 17:6; Lucas 1:37).

El Neopaganismo

(Paganismo contemporáneo)

Hoja de actividad

Versículo para memorizar: "No hay justo, ni aun uno; no hay quien entienda, no hay quien busque a Dios. Todos se desviaron, a una se hicieron inútiles; no hay quien haga lo bueno..." Romanos 3:10-12a.

I. Historia del Neopaganismo

¿Define el Neopaganismo?____

____

____

¿Cuáles son las tres épocas de su desarrollo? ______________________________

____

II. El Neopaganismo y sus formas

Nombra cuatro grupos dentro del Neopaganismo

a. ____________________________ b. ____________________________

c. ____________________________ d. ____________________________

III. Una mirada de cerca al movimiento "Wicca"

Describe los puntos importantes de los Wicca______________________________

IV. El desafío de testificar a los neopaganos

¿Qué enseña la Biblia acerca del espiritismo? (Levítico 19:31; Deuteronomio 18:10-12; Isaías 8:19-20-22). __

____

____

¿Cuáles deben ser las estrategias para compartir el evangelio con una persona neopagana? ____________

____

____

Conclusión

El Neopaganismo es un desafío grande para los cristianos. Oremos para que el Señor nos de la gracia y la sabiduría para no permitir que siga avanzando y para que podamos seguir predicando el mensaje de Jesucristo.

El Cristianismo

Dorothy Bullón (Costa Rica)

I. La Iglesia Ortodoxa

La Iglesia Ortodoxa dicen ser los únicos que tienen una conexión directa con la iglesia primitiva y ven a los católicos como una división de la Iglesia Cristiana (si se quiere, como los primeros protestantes).

A ellos les interesa mucho la preexistencia de Jesús como el Verbo Divino, la encarnación de Jesús, su vida terrenal, su muerte, resurrección, ascensión y glorificación.

La Iglesia Ortodoxa no tiene un papa, sino "patriarcas" que gobiernan sobre países en forma autónoma. Bautizan a bebés por inmersión. Los ministros pueden casarse. Hay monjes que no se casan y se los obispos se escogen de entre los monjes.

Lo que realmente distingue la ortodoxia es su liturgia. La palabra "ortodoxia" quiere decir la correcta adoración. Tienen templos llenos de iconos o cuadros pintados de Jesús y escenas de la vida de Jesús y los santos que son considerados como ventanas al cielo, pero no son ídolos y esculturas.

La santa eucaristía es el centro de la adoración ortodoxa y esta iglesia enseña que Dios imparte gracia por medio de este sacramento. Un ortodoxo va al culto para tener una audiencia con el Dios santo y majestuoso mediado por el sacerdote; luego sale para servir porque cree que toda la vida es adoración. La salvación es fe trabajando por obras, es un proceso de vida, llegar a ser como Dios, un proceso de santificación. La Iglesia Ortodoxa no acepta la figura de la Virgen María como corredentora, a pesar de que la veneran en forma particular. La Iglesia Ortodoxa sostiene que la Virgen María fue concebida en pecado original como las demás criaturas y niega la existencia del purgatorio y nunca practicaron la venta de las indulgencias.

II. La Iglesia Católica

La Iglesia Católica es la parte más numerosa del cristianismo, aunque tenemos que reconocer que muchos católicos son nominales. El obispo de Roma, el Papa, es reconocido como el Vicario de Cristo en el mundo y cuando habla al pueblo por Dios con plena autoridad, es considerado infalible. El Papa es la cabeza de la jerarquía de cardenales, obispos y sacerdotes; los cardenales tienen la responsabilidad de elegir al nuevo Papa cuando sea necesario.

Creen en la inmaculada concepción de la Virgen María, o sea, que la madre de Jesús fue preservada del pecado original por privilegio especial divino desde el momento mismo en que fue concebida. Creen que hay dos fuentes de revelación, una es la Biblia, y la otra la tradición apostólica. La Iglesia Católica observa siete sacramentos, el bautismo, el matrimonio, la eucaristía, penitencias, confirmación, orden sacerdotal y unción de los enfermos.

III. La Iglesia Protestante

La Reforma Protestante se originó en Alemania, en el año 1517, cuando Martín Lutero clavó sus "95 tesis" en la puerta de la Iglesia de Wittenberg, como protesta contra la venta de indulgencias. Lutero fue rápidamente seguido por Calvino y Zwinglio. Comenzaron a gestarse los grupos protestantes, tales como los luteranos, los calvinistas, presbiterianos, anglicanos y menonitas. A estas iglesias que nacieron en la Reforma se les dio el nombre de iglesias confesionales.

En la Reforma se establecieron algunos criterios doctrinales importantes: Las doctrinas de la iglesia deberían basarse en la Biblia (sola escritura); la salvación no se gana por obras porque "la justificación es por la fe" (sola fe) (Romanos 1:17:b); cada persona puede tener acceso a la presencia de Dios sin tener que ir a sacerdotes como mediadores, "el sacerdocio de todos los creyentes (1 Pedro 2:9), entre otras.

El Cristianismo

Hoja de actividad

Versículo para memorizar: "No todo el que me dice: Señor, Señor, entrará en el reino de los cielos, sino el que hace la voluntad de mi Padre que está en los cielos" Mateo 7:21.

I. La Iglesia Ortodoxa

¿Qué características tiene la Iglesia Ortodoxa? ____________________

____

¿Qué diferencia encuentras con la Iglesia Cristiana? ____________________

____

¿En qué países se podría encontrar ortodoxos? ____________________

____

II. La Iglesia Católica

¿Por qué veneran los católicos a María? ¿Qué dice la Biblia al respecto? ____________________

____

____

¿Qué cosas tenemos en común con la Iglesia Católica? ____________________

____

____

III. La Iglesia Protestante

¿Cuáles son las señales de un verdadero cristiano? ____________________

____

____

¿Cuáles fueron los cambios doctrinales que se desarrollaron en la Reforma Protestante? ____________________

____

____

Conclusión

Tenemos una tarea misionera grande de reevangelización, pero la labor debemos enfocarla por medio de los puntos importantes que nos unen y no de los que nos separan: La salvación por medio de Jesucrito y una vida cumpliendo sus mandamientos.

El Islam

Lorena Sánchez (Costa Rica)

I. Historia del Islam

La península Arábiga, habitada por beduinos nómadas, fue el contexto geográfico y humano donde brotaron la cultura y la civilización islámicas.

Mahoma nació en la Meca (575 d.C.), en el seno de una familia pobre. A los seis años quedó huérfano y fue recogido por su tío, al que acompañó en sus viajes de comercio. Cuando tenía veinticinco años Mahoma se casó con la rica viuda Jadija. Tuvo algún contacto con judíos y cristianos que habitaban en la Meca y sus alrededores. Es probable que fuera analfabeto. La Meca era un centro de peregrinación pagana, ciudad de caravanas y núcleo mercantil del mundo medieval.

Cuando tenía cuarenta años Mahoma se retiró al desierto y Dios le habló allí en una cueva, por medio del ángel Gabriel. Comenzó a predicar en la Meca en contra de la idolatría. En 622 d.C., por la reacción negativa de la gente, tuvo que refugiarse por causa de peligro de muerte en la ciudad de Medina, en la cual encontró protección y creó los fundamentos espirituales e institucionales de la comunidad musulmana.

En Medina, Mahoma se convirtió en un caudillo no sólo religioso, sino también político y militar. En 630 d.C. Mahoma regresó a la Meca para conquistar la ciudad y limpiarla de la idolatría. El santuario de la Kaaba, piedra negra venerada en la Meca, fue inmediatamente consagrado a Alá. El Corán que recibe su nombre del verbo árabe cuyo significado es "recitar", es el libro sagrado del Islam, que para los musulmanes contiene la palabra de Dios.

II. Generalidades del Islam

A. Los cinco pilares del Islam

Un musulmán es aquella persona que vive su vida según la voluntad de Dios. Para hacer esto la religión islámica se basa en cinco pilares: 1. Repetir el credo "Hay un solo Dios, Alá y Mahoma es su profeta". 2. Los musulmanes oran cinco veces al día con su cara hacia la Meca. Si es posible, antes de orar deben lavar sus manos, su boca, nariz, cara, cabeza y los pies, tres veces. 3. Dan el 3 % del ingreso como ofrenda a los necesitados. 4. Ramadán es un ayuno durante el día en la fiesta que dura un mes, celebrando la llegada del Corán. 5. Deben realizar el viaje a la Meca por lo menos una vez en la vida, en tanto esté en condiciones físicas y financieras para hacerlo.

B. Las mezquitas

La mezquita es el lugar de estudio del Corán. Es un lugar sencillo, sin adornos en la pared, donde los musulmanes varones oran a Dios con su cara hacia la Meca y su frente en el piso como símbolo de su sujeción a Dios. Los cultos se celebran los viernes.

C. El derecho Islámico

Es un cuerpo de derecho y código de conducta. Abarca la totalidad de los preceptos de Alá con relación a las acciones de los hombres. Establece deberes religiosos, políticos, privados y públicos, pero regula solamente la relación externa entre los creyentes, sin considerar la piedad, sentimiento de responsabilidad, ni necesidades religiosas.

El Corán se dirige a todos los seres humanos sin discriminación de raza, color o sexo. No se puede hablar de una sola cultura porque el Islam se encuentra en muchos países muy distintos donde puede haber más o menos machismo.

III. Los grupos dentro del Islam

Se puede hablar de cuatro grupos: Los sunitas, los chiítas, los sufís y los fundamentalistas o extremistas. Al morir Mahoma el movimiento se dividió en dos grupos (Suníes y Chiítas)

IV. ¿Cómo llevar el mensaje de Jesús al pueblo musulmán?

El Corán menciona a Jesús 93 veces. Ellos no pueden creer en la Trinidad (Filipenses 2:5-8). No aceptan la crucifixión y resurrección de Jesús (Romanos 14:9), ni tampoco la salvación por medio de su muerte (Romanos 5:8).

El Islam

Hoja de actividad

Versículo para memorizar: "Porque por gracia sois salvos por medio de la fe; y esto no de vosotros, pues es don de Dios; no por obras, para que nadie se gloríe" Efesios 2:8-9.

I. Historia del Islam

¿Dónde nació el Islam? ____________________

____

¿Quién fue su máximo líder? ¿Cuál es su libro base? ____________________

____

II. Generalidades del Islam

Algunos de los pilares del Islam son: ____________________

____

____

¿Qué función cumplen las mezquitas? ____________________

III. Los grupos dentro del Islam

Algunos de los grupos dentro del Islam son: ____________________

____

____

IV. ¿Cómo llevar el mensaje de Jesús al pueblo musulmán?

¿Qué semejanzas y diferencias encuentra con el cristianismo? ____________________

____

____

¿Cuáles han sido las relaciones entre cristianos y musulmanes? ¿Cómo debemos evangelizarlos hoy? ________

____

____

Conclusión

Los musulmanes representan casi una cuarta parte de la población mundial. Su religión sencilla se basa en someterse a Dios y hacer buenas obras, pero no hay lugar para la gracia de Dios. No aceptan la deidad de Jesús porque los musulmanes defienden la unicidad de Dios el Padre.

El Sijismo

Elvin Díaz (Perú)

I. Historia

El sijismo es una religión reciente y representa una combinación de elementos hindúes y el monoteísmo islámico. Fue fundada por el Gurú Nanak (1469-1539 d.C.) y difundida a través de las enseñanzas de otros diez maestros o gurús (1469-1708). Su fundador predicó un mensaje de amor y entendimiento como una forma de vida, la cual tiene como principio el servicio, la humildad y la igualdad, criticando así los rituales supersticiosos de los hindúes y musulmanes.

II. Creencias y culto

A. Tres puntos importantes

El Gurú Nanak predicó el Sijismo como una religión estrictamente monoteísta que requiere la creencia absoluto en un único Dios Supremo.

El Sijismo rechaza todo ayuno, todo rito y todo ritual. Rechaza los reclamos del yoga, la mortificación del cuerpo, la autotortura, la penitencia y la renuncia de la vida terrenal. Existe un único Dios para glorificar.

El Sijismo reconoce la existencia de la misma luz celestial en cada ser humano, rico o pobre, independientemente de la casta alta o baja, el credo, el color, la raza, el sexo, la religión o la nacionalidad. Por lo tanto, las puertas del templo sij, están abiertas a todos y a todas en este mundo, sin ningún prejuicio o discriminación social.

B. Las enseñanzas éticas y morales

El gurú Nanak decretó tres principios: Invocar o meditar constantemente en Dios. Ganarse el sustento por medios honrados. En su nombre, compartir el fruto de la labor como expresión de amor y compasión para con la humanidad.

C. La salvación en el sijismo

Por su carácter esencial, los sijs laboran para liberar al ser humano de las cadenas del materialismo. Tienen como metas el vivir una vida llena de virtud y el llegar al nivel espiritual más elevado. Si una persona se aleja de ellas, caerá una vez más en el ciclo de la muerte y el renacer, la transmigración o reencarnación.

D. Una sociedad con igualdad de derechos humanos

Esto es ejemplificado en la Pangat (la comida en comunión) donde se come en el comedor gratuito del gurú. Esta costumbre fue iniciada por el primer gurú y fortalecida por los siguientes gurús. Las reglas requieren que todos se sienten a comer lado a lado en la misma fila y compartan de la misma comida sin practicar ningún tipo de discriminación basada en la clase alta o baja, el ser rico o pobre, príncipe o campesino, subrayando un principio de igualdad en la práctica.

Fue el mandato del tercer gurú que ninguna persona tendría una audiencia con él a menos que primero hubiera comido en comunidad. Hasta el emperador de la India, Akbar, tuvo que sentarse con la gente común y convivir con ellos antes de que pudiera ver al gurú.

III. ¿Cómo compartir el evangelio a los sijs?

La doctrina del Nuevo Testamento es incompatible con la reencarnación (2 Corintios 5:10). Nuestro cuerpo volverá al polvo hasta el día de la resurrección cuando nuestro único cuerpo cobrará vida, pero será glorificado (1 Corintios 15:51-52). Nuestra esperanza se fundamenta en la resurrección de Jesucristo (1 Corintios 15:14). Nuestros cuerpos no serán ni reciclados ni aniquilados, el destino final del hombre es la resurrección para el gozo de la vida con Dios para siempre en el cielo o la pena eterna de la separación de Dios en el infierno (Juan 5:29). Se escuchan testimonios de personas que han visto a Jesús en sus sueños. Luego buscaron una iglesia para hacer más preguntas y conseguir una Biblia. Históricamente, los sijs que han aceptado el Evangelio han renunciado a gran parte de su cultura al decidir seguir a Cristo.

El Sijismo

Hoja de actividad

Versículo para memorizar: "De cierto, de cierto os digo: El que oye mi palabra, y cree al que me envió, tiene vida eterna; y no vendrá a condenación, mas ha pasado de muerte a vida" Juan 5:24.

I. Historia

¿Cómo comenzó la religión Sijs? ______________________________

____

II. Creencias y culto

¿Cuáles son las creencias básicas de la religión sij? ¿Qué hacen en sus templos? ______________________________

____

____

¿Cuáles son las enseñanzas éticas en el Sijismo? ______________________________

____

____

¿Cómo llegan a salvarse eternamente los sijs? ______________________________

____

____

Una sociedad con igualdad de derechos humanos ¿Qué cosas hacen para demostrar esto? ______________

____

____

III. Cómo compartir el evangelio a los sijs

¿Qué puntos serían bueno resaltar? (1 Corintios 15:14,51-52; 2 Corintios 5:10; Tesalonicenses 4:16; Hebreos 9:27).

____

____

____

Conclusión

Debemos pedir sabiduría a Dios si nos encontramos con alguien con ésta creencia. Pero por sobre todas las cosas tendremos que tener amor, perseverancia y un testimonio fiel a Cristo por sobre todas las cosas.

La fe Bahá'i

Lorena Sánchez (Costa Rica)

I. Historia

En la historia de esta religión encontramos dos profetas iraníes. En primer lugar Siyyid 'Alí-Muhammad (1819-1850), el "Bab" (la puerta). Él enseñó que todas las religiones fueron reveladas por Dios y que vendría una nueva era de paz y tolerancia para la humanidad. Como Juan el Bautista, Bab era precursor de un profeta que iba a revelar la voluntad de Dios. Dada la gran preocupación de los iraníes de que esta nueva religión ponía en peligro al Islam, sufrió persecución. Su misión duró sólo seis años, Bab fue hecho prisionero y finalmente fusilado en Tabríz, por un pelotón de 750 soldados, por orden del líder musulmán.

Uno de sus discípulos, Mirzá Hussein-Alí (1817-1892) o "Bahá'u'lláh" ("gloria a Dios"), un noble y miembro de una de las familias más ricas de Irán, fue nombrado por el propio Bab y considerado como el profeta que tenía que venir, o la "Manifestación de Dios" para la época actual. Él y sus seguidores también sufrieron persecución y tuvieron que salir de Irán al exilio. Se establecieron en Haifa, Israel, que opera como su sede mundial.

II. Principios Baha'ís

A. Creencias

Las creencias centrales de la fe bahá'i se resumen en tres unidades: La unidad de Dios, la unidad de la humanidad y la unidad de la religión como una serie de revelaciones sucesivas. Dios es único y se revela a la humanidad. Dios, en las escrituras bahá'í, es uno, personal, inaccesible, omnisciente, omnipresente, inmortal, todo poderoso y creador de todo lo que está en el universo.

Los bahá'í ven la unidad de la raza humana como una familia creada por Dios. Ven que una de las fuentes más grandes de conflicto en el mundo hoy, es la intolerancia religiosa. Promueven el intercambio de ideas y la tolerancia porque según ellos, hay una sola religión.

B. Principios ético-sociales

Los bahá'í dan una gran importancia a los asuntos sociales. De hecho, Bahá'u'lláh abogó por la necesidad de un gobierno mundial en esta época de vida colectiva de la humanidad. Debido a este énfasis los bahá'í han apoyado a las Naciones Unidas desde su origen el 24 de octubre de 1945.

C. Escrituras baha'ís

El Kitáb-i-Aqdas, que en árabe significa "El libro más sagrado", fue escrito por Bahá'u'lláh en Palestina en 1872, mientras se encontraba como prisionero del imperio Otomano. Es considerado por los bahá'í como el principal libro de las enseñanzas de la fe, y posee también conceptos éticos de individuos, grupos o lugares.

D. Organización y culto

En el bahaísmo no existe el clero o sacerdotes, diáconos o pastores. A nivel de base, las comunidades bahá'í se gobiernan por consejos de nueve miembros libremente elegidos, llamados "asambleas espirituales locales". De igual modo, las "asambleas espirituales nacionales" dirigen y coordinan los asuntos de las comunidades bahá'í nacionales.

E. Prácticas

Los bahá'í realizan una oración obligatoria diaria. Durante ésta oración miran hacia el santuario de Bahá'ú'lláh en Acra, Israel, donde el profeta fue sepultado. Este santuario se convirtió en el sitio de peregrinaje más sagrado para los miembros de la religión bahá'í.

III. ¿Cómo evangelizar a una persona de la fe Bahá'í?

La Biblia afirma que Jesús es el camino, (Juan 14:6) y el único mediador (1 Timoteo 2:5). Pedro y Juan afirmaron ante el Sanedrín que en nadie más hay salvación (Hechos 4:12). Pablo en la carta a los Romanos afirmó que Dios juzgará a cada cual tomando en cuenta la luz que tengan (Romanos 2:6-16). El error mayor de los bahá'í es pensar que personas como Buda, Mohamed, Krisna o Zoroastro pueden revelar fielmente a Dios.

La fe Bahá'í

Hoja de actividad

Versículo para memorizar: "Jesús le dijo: Yo soy el camino, y la verdad, y la vida; nadie viene al Padre, sino por mí" Juan 14:6.

I.Historia

¿Dónde nació la fe Bahá'í? ______________________________

____

II. Principios Baha'ís

¿Cuáles son las creencias básicas de los bahá'í? ______________________________

____

____

____

____

IV. ¿Cómo evangelizar a una persona de la fe Bahá'í?

¿Qué nos dice la Biblia en cuanto a cómo acercarnos a Dios o ser salvos?

Juan 14:6 ______________________________

____

I Timoteo 2:5 ______________________________

____

Hechos 4:12 ______________________________

____

Romanos 2:6-16 ______________________________

____

Conclusión

Es importante reconocer que no debemos detenernos sino seguir proclamando el mensaje de Jesucristo con amor y un testimonio que muestre un mensaje claro y genuino.

Misión a los pueblos no cristianos

Humberto Bullón (Costa Rica)

I. Enfoques teológicos

Por mucho tiempo se pensó que la misión pertenece a la iglesia. Pero Karl Barth (1886-1968) declaró algo que es obvio en las Escrituras, Dios es un Dios misionero (Juan 3:16; 2 Corintios 5:18; 1 Timoteo 2:4). Dios prometió a Abraham que en él serían benditas todas las familias de la tierra (Génesis 12:3). Escogió a la nación de Israel para ser puente (sacerdotes) entre Él y las otras naciones (Éxodo 19:6).

El Dios misionero es trinitario. Creemos que Dios ofrece la salvación a todos (2 Pedro 3:9).

Porque la misión es de Dios, no hay un lugar exclusivo que sea "el campo de misión". La fuerza misionera ahora es todos para todos, en todos los rincones del mundo. Sin embargo, Él ha delegado la tarea misionera a la iglesia local, como una comunidad que ama a sus vecinos sirviéndoles en el nombre de Jesús.

II. Un área prioritaria: La ventana 10/40

"La ventana 10/40" es un término acuñado dentro del movimiento misionero mundial en la última parte del siglo 20. Se refiere a la región del hemisferio oriental situado entre los 10 y 40 grados al norte de la línea ecuatorial. Forma una banda que abarca la región del norte de África, así como casi buena parte del Asia. Está poblada por personas predominantemente musulmanas, hindúes, budistas, animistas, judías o ateas, siendo una buena parte de los gobiernos hostiles al cristianismo.

Aproximadamente dos tercios de la población mundial vive dentro de esta ventana y entre ellos algunos con menos recursos y más pobreza. De los 55 países menos evangelizados, el 97 % de su población vive dentro de esta ventana 10/40.

III. Algunas estrategias de misión contemporánea

A. El buen testimonio

Un cristiano debe ser alguien que ama a Dios y a los demás (Mateo 22:34-40). El buen testimonio es crucial para el éxito de la misión. Tenemos que proclamar y vivir la Palabra de Dios. Debemos obedecer los principios cristianos con respeto y amor para los demás. Pedro nos exhorta a compartir nuestra fe con "mansedumbre y reverencia" (1 Pedro 3:15).

B. Tolerancia religiosa

En muchas iglesias existe la creencia de que ellos son dueños de alguna verdad exclusiva y que los demás están equivocados. Tomando una actitud fanática se niegan irracionalmente las virtudes y lo que de verdad hay en otros grupos, especialmente en valores y ética. La tolerancia implica reconocer y respetar a personas con ideas diferentes (Gálatas 6:10; Efesios 4:2; 4:32).

C. Diálogo en misión

El diálogo es una conversación entre dos o más personas, en el cual se intercambia información y se comunica ideas, sentimientos o deseos. Hay que saber cómo escuchar. Pablo demostró esta estrategia en su tiempo en Atenas (Hechos 17:16-34).

Uno de los graves problemas es que tenemos prejuicios acerca de lo que creen otras personas. El diálogo entre personas de diferentes religiones puede ser una experiencia muy rica. Los mensajeros de Dios al ir a otro país tienen, como un primer paso, que aprender bien el idioma. También deben vivir entre la gente identificándose con sus buenas costumbres, su comida y en algunos casos, con su manera de vestir.

IV. Contextualización de la misión

A. Cooperación intereclesial

Hay una necesidad de presentar un frente unido en los países no cristianos (Juan 17:21). Debe realizarse más el orar juntos, el diálogo, la amistad y colaboración entre misiones.

B. Misiones y movimientos migratorios

La diáspora latina en países de la referida ventana 10/40 podría ser una fuerza enorme. Los creyentes migrantes pueden ser un instrumento muy efectivo en las manos de Dios.

Misión a los pueblos no cristianos

Hoja de actividad

Versículo para memorizar: "El cual quiere que todos los hombres sean salvos y vengan al conocimiento de la verdad" I Timoteo 2:4.

I. Enfoques teológicos

Nombra dos elementos teológicos importantes para la Misión ________________________________

____

II. Un área prioritaria: La ventana 10/40

¿Qué es la ventana 10/40? ____

____

¿Cómo cree que podemos alcanzar con el evangelio a los millones que viven dentro de la Ventana 10/40?__

____

III. Algunas estrategias de misión contemporánea

¿Cree que es importante el diálogo entre las personas de las religiones del mundo? ¿Por qué? ____________

____

¿Cuáles serían algunos puntos importantes a tener en cuenta al momento de evangelizarlos?_____________

____

IV. Contextualización de la misión

¿Qué es la contextualización? ____

____

¿Qué implica la Cooperación intereclesial? ____

____

¿Por qué es que la iglesia local debe ser "glocal? ____________________________________

____

¿Qué acciones pueden realizar las iglesias locales para contribuir con la Misión de Dios? _______________

____

Conclusión

Entre las consideraciones estratégicas fundamentales para nuestros tiempos están: El buen testimonio, la tolerancia, el diálogo respetuoso, la evangelización relacional, la encarnación en las situaciones de necesidad, la cooperación, la contextualización del mensaje y del ministerio.

¡Viene pronto!

Macario Balcázar (Perú)

I. Compartiendo lo recibido

A. En el primer tratado

Lucas menciona en su evangelio "En el primer tratado, oh Teófilo,..." (Hechos 1:1a). En este tratado Lucas presentó muchas enseñanzas acerca de Jesús. Se supone que Teófilo fue un funcionario romano de importancia a quien Lucas dedicó sus dos libros, Lucas y Hechos de los apóstoles.

B. Dio mandamientos claros

Jesús no ascendió al cielo, sin antes terminar toda la tarea encomendada. Su tarea implicaba dar instrucciones precisas a los discípulos que había escogido para que continúen la tarea empezada por Él.

Jesús dio mandamientos a sus apóstoles por medio del Espíritu Santo. Antes de su ascensión, todavía era tiempo de estar sometido al Espíritu Santo, y todo lo hacía subordinado a Él. Dios trabaja en total unidad con la Trinidad, en total acuerdo entre las tres personas.

II. Demostrando lo vivido

A. Se presentó vivo

El Cristo resucitado, triunfante, se presentó a los apóstoles que Él había escogido. No fue una aparición fantasmal, espiritual, o una imaginación afiebrada de los apóstoles. En realidad era el Cristo glorificado por la resurrección, vivificado en el Espíritu; vindicado por su Padre después de padecer tanto por nosotros (v.3), es decir, se dejó ver por los ojos humanos. Sus apóstoles vieron su cuerpo, vieron sus heridas aún sangrantes en sus manos y en su costado (Juan 20:27).

B. Se les apareció por cuarenta días

Cuarenta días es un número muy significativo en la Biblia. Cuarenta días estuvo Moisés en el monte Sinaí por dos ocasiones (Éxodo 24:18,34:28), cuarenta días caminó Elías hacia Horeb (1 Reyes 19:8), cuarenta días fue el tiempo que Jonás predijo como plazo para la destrucción de Nínive (Jonás 3:4); cuarenta días ayunó Jesús (Mateo 4:2); asimismo, por cuarenta días los espías israelitas recorrieron la tierra para llevar información a Moisés (Números 13:25). Cuarenta años representa una generación en la Biblia. Jesús quiso tomar cuarenta días para confirmar a sus escogidos en su fe, convicciones y firmeza, pues de ellos dependería en gran medida el establecimiento y consolidación de su iglesia.

C. Hablándoles acerca del reino de Dios

Antes de su muerte, por espacio de tres a tres años y medio, Jesús compartió con sus discípulos acerca del reino de Dios. Inició su ministerio anunciando el advenimiento del reino de Dios a los hombres (Mateo 4:17; Marcos 1:14-15). Todo su ministerio estuvo enfocado en hablar del reino de Dios.

III. Mandato y promesa

A. Y estando juntos, les mandó...

Jesús les mandó que no salieran de Jerusalén (Hechos 1:4). Jerusalén, la añorada, amada, predilecta ciudad de David y de los judíos (Salmo 137:5-6). Ellos debían esperar el cumplimiento de la promesa. Dios también escoge ciudades con propósitos especiales, pues Él tiene un propósito final para su pueblo y para ello escoge a su discreción infinita, las ciudades que quiere para que desde ellas, su luz irradie al mundo. Para los apóstoles, fue Jerusalén la escogida y allí debían esperar pacientemente que el Espíritu Santo viniera y los llenara.

B. Seréis bautizados con el Espíritu Santo

El Señor recordó a Juan el Bautista, quien había bautizado con agua para arrepentimiento; pero dijo que Él bautizaría a sus apóstoles y discípulos con el Espíritu Santo (Hechos 1:5). Tremenda verdad que ahora lo entendemos mejor, pero que para los apóstoles era toda una novedad. De modo que la espera confiada se confundía con la curiosidad espiritual y la santa ansiedad de ver cumplido ese deseo y esperanza de ser llenos del Espíritu Santo.

¡Viene pronto!

Hoja de actividad

Versículo para memorizar: "Y estando juntos, les mandó que no se fueran de Jerusalén, sino que esperasen la promesa del Padre, la cual, les dijo, oísteis de mí" Hechos 1:4.

I. Compartiendo lo recibido

¿A qué se refiere el autor de Hechos al decir "primer tratado? (Hechos 1:1). ________________

____

¿Qué significa la expresión "arriba"? (Hechos 1:2a). ________________

____

Imagina tres mandamientos que Jesús haya dado a sus apóstoles antes de ascender al cielo (Hechos 1:2b).__

____

II. Demostrando lo vivido

A su parecer, ¿cuál sería la prueba más convincente que Jesús mostró a sus apóstoles? (Hechos 1:3). ______

____

¿Considera usted suficiente los 40 días para confirmar a los apóstoles? ¿Por qué? ________________

____

III. Mandato y promesa

¿Qué le habría gustado escuchar de Jesús antes que ascendiera al cielo? (Hechos 1:4-5). ________________

____

____

¿A qué se refiere la promesa del Padre? ________________

____

¿Ha sido usted bautizado con el Espíritu Santo? SÍ ___ NO ___

Si aún no lo ha sido, ¿qué está haciendo para serlo? ________________

Conclusión

El testimonio de Lucas es impresionante. El testimonio de aquellos que esperaron pacientemente la venida del Espíritu Santo fue trascendental para la humanidad. Nosotros somos ahora sus herederos. Imitémosles en su fidelidad, paciencia, trabajo arduo y esperanza firme.

Buenas noticias

Laura López (México)

I. Tiempos de cambios

Las buenas noticias traen esperanza de cambios, sobre todo cuando estamos pasando por períodos oscuros o difíciles. El conocer la posibilidad de que algo mejor pudiera ocurrir trae una perspectiva renovada de la vida, pero ajustarnos a una nueva situación, por prometedora que parezca, no es algo sencillo. Los seres humanos nos resistimos a adaptarnos a cosas nuevas y nos aferramos a lo conocido, aunque las noticias acerca del futuro sean para proveernos mayor bienestar, tranquilidad y paz. Anhelamos cambios que prosperen nuestra vida; pero nos produce miedo transitar por vías desconocidas para ir hacia ellos.

En Lucas vemos el amor y cuidado de Dios para los rechazados de su época entre ellos las mujeres (Lucas 9:37-43,10:25-37). La intervención divina produjo un cambio notable en ellos, quienes vivían en un mundo que los ignoraba, los discriminaba y los relegaba.

Cuando impera la desconfianza, el desconocimiento de lo porvenir provoca inquietud y ansiedad (en lugar de valor y firmeza) en la toma de decisiones necesarias para obedecer a Dios. Por esta razón Dios envió mensajeros como el ángel Gabriel con capacidad para dar noticias con sensibilidad a la inquietud del receptor de estas.

En el desarrollo de los acontecimientos alrededor del nacimiento de Jesús, Dios incluyó en sus planes a gente sencilla como María (Lucas 1:28), una joven que se turbó con la visita del ángel portador de un anuncio divino para ella. Las noticias que le dio no sólo cambiaron el rumbo de su vida, sino el de la historia completa de la humanidad.

II. Dios disipa el temor

A. Jesús el salvador

En un humilde contexto el ángel Gabriel dio a conocer la mejor noticia de la historia: La encarnación de Dios en el bebé que estaba por nacer. En Él estaría representada la humanidad, por lo que era necesario que naciera como un niño común, pero también estaría presente la divinidad, por lo que fue anunciado como "Salvador". Esta noticia esperanzadora fue útil para renovar las fuerzas y despertar optimismo por la fe en un futuro diferente con Jesús (Lucas 1:31).

B. Atendiendo al llamado con sumisión

La pregunta que hizo María (Lucas 1:34), es parecida a la de muchos cuando conocen la voluntad de Dios para sus vidas, pero no alcanzan a comprender la forma en que va a ser cumplida. El ángel le dijo todo lo que necesitaba saber para que no se acobardara, le dio a conocer la grandeza de la encomienda. De acuerdo a su entendimiento y a su necesidad ella debía tomar valor para enfrentar la sucesión de rápidos cambios que llegarían a su joven vida, (Lucas 1:35). La sumisión no es un término popular por la desconfianza natural hacia el rumbo que otros desean dar a nuestras vidas. Cuando tratamos con Dios Él espera nuestro sometimiento, porque a través de éste nos proporciona el aprendizaje para ir asumiendo mayores responsabilidades en la edificación de su Reino.

C. Una respuesta obediente y comprometida

En nuestra vida hemos respondido a diversos retos personales que nos han llevado al punto en el que nos encontramos ahora, pero la respuesta a los retos divinos requiere una fe fortalecida por una comunión cercana con Dios.

III. Los propósitos de Dios se convierten en los nuestros

La confirmación de que Dios es el que vuelve lo imposible en posible, conforta el corazón y reafirma al espíritu apocado para que pueda continuar la obra (Lucas 1:38).

El recibir los retos de Dios para nuestra vida implica fe, obediencia y compromiso.

Buenas noticias

Hoja de actividad

Versículo para memorizar: "Y ahora, concebirás en tu vientre, y darás a luz un hijo, y llamarás su nombre Jesús" Lucas 1:31.

I. Tiempos de cambios

¿Qué actitud debemos asumir al dar las buenas nuevas del Evangelio? (Lucas 1:26-28). ____________________

____

____

____

____

II. Dios disipa el temor

¿Cómo disipó Dios los temores de María? (Lucas 1:29-35). ____________________

____

____

____

¿Vivió usted una experiencia parecida en alguna ocasión? Comparta con la clase.

III. Los propósitos de Dios se convierten en los nuestros

¿Cómo podemos obtener la certeza de que estamos cumpliendo los planes de Dios? (Lucas 1:36-38). ______

____

____

____

____

Conclusión

El mensaje de esperanza de la Navidad no es sólo para un tiempo del año, sus alcances continúan vigentes. Así como en el pasado Dios usó a hombres y mujeres para cumplir sus propósitos, hoy desea usarnos a nosotros.

Caminando hacia una meta

Aldo Genes (Paraguay)

I. Olvidar lo que quedó atrás

Una cuestión ineludible en nuestras vidas, se relaciona con los momentos no tan agradables por las que nos toca pasar. Eso es independiente a haber recibido o no a Jesús como Señor y Salvador, haber experimentado la entera consagración o la entera santificación. Es parte de lo que toca vivir a un mundo caído y que se inmiscuye ocasional o frecuentemente en nuestras agendas.

Problemas interpersonales, contratiempos, decepciones, fracasos, disgustos, reacciones inapropiadas, malas actitudes, inmadurez, falta de objetividad, desacuerdos, múltiples responsabilidades que se superponen, carencias de todo tipo, etc., son sólo algunas que citamos en esta sección para refrescar la memoria acerca de situaciones difíciles por las que ya nos ha tocado pasar.

Miramos hacia atrás, como en un retrovisor y analizamos qué logramos y en qué fracasamos. Dicho balance, suele dar tantas pérdidas que lleva a muchas personas a suicidarse. Por ello, la época de fin de año es un tiempo donde la tasa de suicidios suele ascender. De la misma forma, el inicio de año se caracteriza por cargarse de esperanza y de nuevas proyecciones así como de sueños.

El apóstol Pablo fue enfático al decirnos "olvidando ciertamente lo que queda atrás" (v.13). En otras palabras, no me detengo a ver lo que ya he recorrido; a mirar las cosas que ya he pasado. Al hacer tal cosa, perdemos tiempo, dejamos que nuestra atención se distraiga de las metas que nos fijamos.

Por tanto, para lograr las metas en este nuevo año, debemos hacer como el apóstol Pablo y tomar la decisión de dejar atrás todo aquello negativo que se recorrió y que nos aconteció, de tal forma que nuestras situaciones o experiencias pasadas no sean cadenas o lazos que estén impidiendo que nos proyectemos, soñemos y logremos nuestras metas en el año entrante. No lograremos olvidar, pues es imposible no recordar algo que es parte de nuestra vida pero significa que lo superaremos, que no lo recordaremos con dolor, no lo usaremos para reprochar.

II. Extenderse a lo que está delante

Una segunda decisión que necesitamos tomar para alcanzar nuestras metas, es extendernos hacia lo que está por delante (v.13). Cuando integramos a Dios en nuestro equipo, hay alta probabilidad que alcancemos nuestras metas. Definitivamente habrá en nosotros la motivación interna para proseguir sin ser anulados por las experiencias pasadas o por las metas no logradas. Además, entenderemos el propósito para el que Cristo nos alcanzó, sumado a que lucharemos para obtener el premio que Dios nos quiere dar desde el cielo (v.14).

Nuestras experiencias negativas pasadas no se "borran" por completo como dijimos. Éstas, forman parte de nuestro bagaje personal y deben servirnos en el presente y el futuro para "no tropezar nuevamente con la misma piedra". Pero, nunca deben ser las estacas a las que estemos atados, los lazos o las cadenas que impidan que soñemos o nos proyectemos a cosas buenas, mejores y mayores en el Señor. Por el contrario, nuestra actitud al comienzo de cada nuevo año tiene que ser la de extendernos hacia delante para lograr aquellas cosas para las cuales Jesús también nos alcanzó a nosotros (v.12).

No perdamos de vista lo que Moisés dijo al pueblo de Israel, en Deuteronomio 30:19. Él procuró inclinar la decisión de los israelitas para optar por la vida y la bendición . En términos de nuestra lección sería: Decide tener un buen año de tal forma que tus experiencias negativas sólo te ayuden a engrandecer aún más la fidelidad de Dios.

Caminando hacia una meta

Hoja de actividad

Versículo para memorizar: "prosigo a la meta, al premio del supremo llamamiento de Dios en Cristo Jesús" Filipenses 3:14.

I. Olvidar lo que ha quedado atrás

En Filipenses 3:12, Pablo utiliza la palabra "prosigo"; ¿Qué significa literalmente esa palabra intensa que utilizó el apóstol? ______________________________

____

¿Cuál es una de las características del fin de año? ______________________________

____

En contrapartida a la pregunta anterior, ¿de qué se carga o nutre un nuevo año? ______________________________

____

¿Qué impide a veces que no queramos darle lugar a la esperanza, los sueños o las proyecciones? ______________________________

____

A los efectos de esta lección, ¿qué significa y que no significa la palabra "olvidar"?______________________________

____

II. Extenderse a lo que está delante

¿Qué probabilidades hay cuando decidimos mirar la vida "con los cristales" de la esperanza? ______________________________

____

Para el inicio de este nuevo año, tenemos que traer a la memoria lo que dice el Salmo 60:12. ¿Cómo aplica éste pasaje a su vida? ______________________________

____

¿Qué espera para éste nuevo año? ______________________________

____

Conclusión

Tener la expectativa de un mejor año, es un derecho de todos. Lo que debemos concordar nuevamente en este punto, es que tener una actitud de esperanza para un nuevo año, es decisión de cada uno, si Dios está con nosotros quién podrá estar en nuestra contra.

Dios con nosotros

Marco Rocha (Argentina)

I. Características del Evangelio de Juan

A. Las señales

Una señal es una marca, un signo, acción o símbolo que busca comunicar algo de una manera diferente al lenguaje oral o escrito. Es decir que detrás de toda señal hay algo que se busca transmitir, un propósito a descubrir.

Cuando Juan mencionó "señales" se estaba refiriendo a los milagros hechos por Jesús. Tanto en los tiempos de Jesús, como en la actualidad nos encontramos tanto con aquellos que viven buscando señales (Mateo 12:39) como con quienes buscan imitar o reproducir los milagros hechos por Jesús (Marcos 13:22). En nuestros días, no son pocas las personas que van de una congregación a otra buscando alguna novedad que los conmueva emocionalmente, que satisfaga su deseo de ver una señal del poder de Dios, urgidos por la necesidad de confirmar su fe a través de algún tipo de experiencia.

B. El propósito

El pasaje de Juan 20:30-31 es también conocido como un prólogo, ya que esos versículos constituyen una declaración del propósito por el cual el libro fue escrito. Más específicamente en el versículo 31 nos encontramos con que el evangelio tenía la finalidad de producir la fe en Jesús como Cristo el Hijo de Dios. Este propósito debe impregnar transversalmente toda la lectura que hagamos del Evangelio de Juan y de los hechos allí narrados. Llevándonos a encontrar detrás de cada enseñanza, milagros y en definitiva del trayecto recorrido por Jesús para cumplir su misión, el propósito de infundirnos una fe creciente y constante en el Hijo de Dios. Una fe que no claudique ante el primer latigazo de la vida que aparezca, una fe inquebrantable ante la adversidad y una fe que nos impulse a la adoración y la proclamación.

II. Dios encarnado en el Evangelio de Juan

En los primeros versículos de Juan (Juan 1:1-18) nos encontramos con la descripción de unas de las características sobresalientes acerca de la persona de Jesús: Su encarnación. En la actualidad existen numerosos grupos religiosos que se dicen llamar "cristianos", y que por sus prácticas en apariencia lo son, atrayendo así a millones de personas alrededor del mundo. Sin embargo, cuando uno explora profundamente las doctrinas de estos grupos, se encuentra con que la mayoría de ellos niegan la encarnación de Dios en Jesús, afirmación que los ubica muy lejos de la sana doctrina cristiana. No importa cuán parecida sea su liturgia, la sola negación de este principio teológico los aleja del verdadero Cristo y en consecuencia de la salvación en Él.

La encarnación nos permite reconocer que Cristo fue, al mismo tiempo, verdadero Dios y verdadero hombre. Y su completa deidad-humanidad es imprescindible para la efectividad de la obra salvífica en la cruz.

III. El testimonio de la divinidad de Jesús

La declaración de Juan el bautista presentando a Jesús como el Cordero pascual en Juan 1:29-34 también la encontramos en la primera carta a los Corintios (1 Corintios 5:7), y en la recomendación de Pedro (1 Pedro 1:18-19).

De la conjunción de estas afirmaciones, hechas tanto por Juan el bautista como luego por los apóstoles Pablo y Pedro, es destacable, además el cumplimiento por parte de Jesús del requisito indispensable de la perfección del Cordero incontaminado y apto para el sacrificio (Éxodo 12:5). Por último, es a través de las palabras finales de Juan el Bautista en su descripción de Jesús, (Juan 1:34,) que quedó demostrado que el ser humano también dio cuenta de la deidad de Jesús y su misión redentora. Jesús vino con una misión salvífica que impulsó su ministerio hasta su muerte y resurrección.

Dios con nosotros

Hoja de actividad

Versículo para memorizar: "En el principio era el Verbo, y el Verbo era con Dios, y el Verbo era Dios" Juan 1:1.

I. Características del Evangelio de Juan

¿Con qué propósito se registraron las señales que Jesús hizo? (Juan 20:30-31). ____________________

____

____

¿Cuál es la finalidad del libro? ____________________

____

II. Dios encarnado en el Evangelio de Juan

¿Cuál es el significado e importancia de la encarnación de Jesucristo? (Juan 1:1-18). ____________________

____

____

III. El testimonio de la divinidad de Jesús

¿Cuál es la enseñanza principal que nos deja el testimonio de Juan el Bautista acerca de Jesús?(Juan 1:29-31)

____

____

¿Cómo puede relacionar los siguientes pasajes: Juan 1:29-34, 1 Corintios 5:7 y 1 Pedro 1:18-19? ____________________

____

____

Conclusión

Jesucristo es el Hijo de Dios, y así queda demostrado en el Evangelio de Juan. Y su humanidad-divinidad fue la que hizo posible que en la cruz nos diera salvación por medio de la fe. E incluso un hombre, como Juan el Bautista, también dio testimonio de esta verdad. Ahora ¿Está usted experimentando esta relación de salvación en su vida?

Lo que Jesús ofrece

Samuel Pérez (Puerto Rico)

I. En Jesús Dios ofrece nuevo nacimiento

A. Reconocimiento y confesión

Juan 3:1-15 inicia con la conversación de Jesús con Nicodemo y en los versículos 16-21 continuó con las reflexiones del autor sobre el discurso.

De acuerdo al relato, Nicodemo acudió a Jesús con buena intención y de hecho reconoció e hizo una confesión ante Jesús (Juan 3:2). No obstante es evidente que su entendimiento teológico acerca de la persona de Jesús era deficiente (Juan 3:2).

B. La necesidad de nacer de nuevo

En Juan 3:3 el autor enfatizó la importancia del nuevo nacimiento. El nuevo nacimiento es requisito indispensable para entrar al reino de los cielos. Jesús no buscaba enseñar la necesidad de un nuevo nacimiento literal y físico. Esto sería una contradicción, como lo reconoció Nicodemo (Juan 3:4,9). Lo que Jesús buscaba mostrarle a Nicodemo era que la ascendencia judía no era ninguna garantía de salvación.

La frase "nacido de nuevo" literalmente significa "nacido desde arriba". Él necesitaba un cambio de corazón, una transformación espiritual. Juan 1:12-13 indicó que "el nacer de nuevo" también transmite la idea de "volverse hijo de Dios" al confiar en el nombre de Jesucristo.

II. En Jesús Dios ofrece amor

A. La encarnación, signo del amor de Dios

Juan 3:16-17 constituye y es en esencia una declaración del acontecimiento y del suceso más extraordinario y radical del reino que Cristo vino a instituir. Es de vital importancia recordar que ninguna religión pagana enunciaba el concepto de un dios de amor. De ahí que al sector pagano le era imposible reconocer a Dios en la persona de Jesús.

B. Amor incondicional

El amor al cual el pasaje hace referencia es el amor incondicional, amor por elección y por un acto de la voluntad. El amor de Dios se transformó en un acto de dar. La declaración de Juan (3:16), expresa tres verdades: El carácter universal del amor de Dios, su naturaleza de sacrificio y su propósito eterno.

III. En Jesús Dios ofrece luz

Una de las características literarias del Evangelio de Juan consiste en la utilización del lenguaje dualista, como podemos nuevamente apreciar en 3:19-21, luz/tinieblas; practica la maldad/realiza la verdad. Este lenguaje es utilizado en esta ocasión para significar que la luz vino en la persona de Jesús y en su encarnación, pero el mundo prefirió continuar en tinieblas al rechazar a la persona de Jesús. De acuerdo al versículo 19 se establece un juicio condenatorio por la actitud ante Cristo. Éste versículo hace referencia a una "condenación" que en realidad debemos entender como un juicio, ya que la palabra que aparece en griego (krisis) significa juicio. "El juicio consiste en que vino la luz al mundo" (Juan 1:9).

A. Tiniebla espiritual

El ser humano, en su condición natural, está imposibilitado para recibir la luz espiritual, por cuanto carece de capacidad para percibir lo espiritual (1 Corintios 2:14). Por ello, los creyentes adoptan el nombre de «hijos de luz» (Lucas 16:8), no sólo por haber recibido una revelación de Dios, sino que mediante el nuevo nacimiento recibieron la capacidad espiritual para ello.

B. Luz espiritual y símbolo cristológico

En el Evangelio de Juan el simbolismo de la luz es cristológico (Juan 1:9; 8:12).

Jesús mismo estableció que todos los que no le siguen caminan en tinieblas o en oscuridad. Caminar en tinieblas es signo de estar bajo el poder de Satanás. No obstante el ser humano no tiene por que caminar en tinieblas; el propio Jesús declaró y prometió que los que le siguen no caminarán en oscuridad, sino que tendrán la luz de la vida (Juan 8:12).

Lo que Jesús ofrece

Hoja de actividad

Versículo para memorizar: "Porque de tal manera amó Dios al mundo, que ha dado a su Hijo unigénito, para que todo aquel que en él cree, no se pierda, mas tenga vida eterna" Juan 3:16.

I. En Jesús Dios ofrece nuevo nacimiento

¿Cómo explicaría con sus palabras lo que significa nacer de nuevo? (Juan 3:1-11). ____________________

____

¿Usted ha nacido de nuevo?____

____

II. En Jesús Dios ofrece amor

¿Qué enseñanzas del amor de Dios podemos extraer de Juan 3:16? ____________________________

____

____

____

¿Piensa que el amor de Dios es incondicional?¿Por qué? ____________________________________

____

____

____

III. En Jesús Dios ofrece luz

¿Qué enseñanza encuentra en Juan 3:17-19?____

____

____

____

Conclusiones

Es muy probable que conozcamos a muchas personas que al igual que Nicodemo crean que la participación en el reino Dios se logre a través del esfuerzo humano, o de alguna práctica religiosa. De manera que todo creyente debe enseñar a estas personas que la vida cristiana no es simplemente poner en práctica ciertas reglas éticas, morales o religiosas, es primeramente haber "nacido de nuevo".

Jesús argumenta su divinidad

Patricio Huanca (Chile)

I. La autoridad de Jesús viene de Dios

A. La relación del Padre con el Hijo

Jesús comenzó explicando su naturaleza divina (Juan 5:19-24),diciendo que no se mandaba solo (Juan 5:19) El Hijo de Dios era dependiente de su Padre; el Hijo veía (v.19), oía y hacía la voluntad del Padre (v.30). Nada hizo por su propia cuenta; sus acciones estaban dirigidas a cumplir los deseos de Dios. Por lo tanto, la relación de Jesús con Dios no se basó en la independencia, sino en la sumisión a su Padre.

B. La autoridad del Hijo del Hombre

Por otro lado, en Juan 5:25-29 el Padre manifestó su voluntad a través de su Hijo. Es decir, Dios hizo grandes obras mediante Cristo, a fin de que los incrédulos se sorprendieran. Jesús tuvo poder e impartió la vida según su propia voluntad, (su voluntad era una con el Padre), sin tener que solicitarla, como lo hicieron los profetas.

Mediante la obediencia de Jesús hacia su Padre fue posible percibir el gran amor de Dios por sus criaturas que no quiere que se pierdan sino que pasen de muerte a vida (5:24). Jesús se ofreció para dar su vida en la cruz en cumplimiento del plan de salvación.

Jesús era quien daba la vida y quien traía la vida (Juan 1:4); era quien resucitaría los muertos a la vida y, cuando hubiere resucitado, sería el juez (Juan 5:22) que les asignaría su destino a aquellos que no creyeron en Él.

II. La autoridad de Jesús tuvo el apoyo de testigos

En Juan 5:30-47 leemos el discurso de Jesús, sobre sus poderes divinos, la demostración de que todo cuanto Él enseñaba era verdad.

A. Testimonio de Juan

Un testimonio a favor del Hijo fue el de Juan el Bautista. En muchas ocasiones Juan testificó de Él (Juan 1:29).

B. El testimonio de las obras

El testimonio de Juan el Bautista era válido, pero no fue determinante. El testimonio de la misma obra que el Padre dio a Jesús tuvo más peso (Juan 5:36). Jesús curó enfermos (Juan 5:17, 19,21; 14:10), las obras eran del Padre, porque el Padre las hacía.

C. Por las Escrituras

El testimonio de Dios respecto de Cristo se puede encontrar en las Escrituras. Para los judíos las Escrituras lo eran todo; el fin principal del Antiguo Testamento era preparar la llegada del Mesías. El judío tenía la Ley y la estudiaba, sin embargo, no reconoció a Cristo cuando vino al mundo. Juan 5:39 dice:"Escudriñad las Escrituras..." el verbo inicial está en modo indicativo que parece dar mejor sentido al contexto de ese párrafo. Podría traducirse literalmente: "Estáis escudriñando las Escrituras porque pensáis que en ella tenéis vida eterna".

El Hijo, acerca de quien testifican las Escrituras, es visto como la fuente de vida (Juan 5:39-40); alguien que vino en el nombre del Padre (Juan 5:43) y no recibió la gloria de los hombres (Juan 5:41).

Era importante demostrar que Jesús era Dios porque si Cristo no hubiera sido Dios no hubiera podido cumplir la obra de redención. Él tuvo que venir a ser hombre a fin de ser capaz de morir. Y tenía que ser Dios para cumplir con la obra de redención con poder divino:"Habiendo efectuado la purificación de nuestros pecados por medio de sí mismo" (Hebreos 1:3; Colosenses 1:19).

Además, Él debía ser Dios y hombre al mismo tiempo a fin de poder ser un mediador entre Dios y los hombres "Sólo hay un Dios, y sólo hay uno que puede ponernos en paz con Dios: Jesucristo, el hombre" (1 Timoteo 2:5 TLA).

Jesús argumenta su divinidad

Hoja de actividad

Versículo para memorizar: "...para que todos honren al Hijo como honran al Padre. El que no honra al Hijo, no honra al Padre que le envió" Juan 5:23.

I. La autoridad de Jesús viene de Dios

Según Juan 5:18 los Judíos trataron de matar a Jesús por 2 razones ¿Cuáles fueron? ____________________

____

____

¿De qué modo fue Jesús dependiente de su Padre?

Juan 5:19 ____

Juan 5:30 ____

II. La autoridad de Jesús tuvo el apoyo de testigos

Enumere 2 cosas en el Evangelio de Juan 5:17-27 que Dios el Padre dio al Hijo o autorizó a hacer. ________

____

____

De los versículos del Evangelio de Juan capítulo 5, indique la forma en que se dio testimonio de Jesucristo:

Versículo 33 ____

Versículo 36 ____

Versículo 37 ____

Versículo 39 ____

Enumerar los errores o deficiencias de los judíos (como señala Jesús) en los siguientes versículos del Evangelio de Juan, capítulo 5:

Versículo 38 ____

Versículo 40 ____

Versículo 43 ____

versículo 47 ____

Conclusión

La unidad entre el Padre y el Hijo es tan perfecta que el que no honra al Hijo, no honra al Padre que le envió. En otras palabras, el juicio de un hombre dependerá de su reacción hacia Jesús quien es la piedra de toque mediante la cual se prueba a todas las personas; la reacción hacia Él es la prueba que divide a los hombres.

Dios se acerca al ser humano

Juan Vázquez Pla (EUA)

I. En Jesús Dios provee

La clave para aplicar a nuestras vidas el pasaje de Juan 6:1-15 la encontramos en el versículo 14. La primera, porque ellos mismos eran testigos de "las señales que [Jesús] hacía" (v.2). Una debió haber sido la señal de sanar al hijo de un noble en la ciudad de Capernaúm, (Juan 4:46-54). Otra debió haber sido la señal de sanar al paralítico junto al estanque llamado Betesda, en la ciudad de Jerusalén (Juan 5:1-18).

Juan 6:1-15 revela una segunda razón que llevó a la gente a la conclusión de que en verdad Jesús era "el profeta que había de venir al mundo". Acababan de ver la señal que Jesús había hecho al alimentar a todos los reunidos en el lugar (v.10).

La declaración pública de fe en Jesús de parte de "aquellos hombres" era correcta en la letra (Juan 6:14). Dicha confesión debió aludir a la profecía mesiánica de Moisés registrada en Deuteronomio 18:15.

II. En Jesús Dios guía

En el pasaje de Juan 10:1-21 el Señor se compara con un buen pastor de ovejas.

Según el versículo 1, el enemigo del redil es un "ladrón y salteador". Ese enemigo recibió otra vez el mismo calificativo en el versículo 8. En el versículo 5, Jesús le llamó el "extraño", o el de voz extraña. Es uno que "no viene sino para hurtar y matar y destruir" (v.10).

En los versículos 12 y 13 el enemigo de sus ovejas recibió el calificativo de "asalariado" y fue acusado de huir "porque es asalariado, y no le importaban las ovejas". Los que nos consideramos ovejas del redil de Cristo hoy, nunca apreciaremos debidamente la bondad de nuestro Señor como el buen pastor de nuestras almas hasta que no entendamos el poder maléfico, engañador y destructivo del enemigo.

En completo contraste con ese funesto y cruel enemigo de sus seguidores, Jesús declaró las siguientes características de Él como su "buen pastor":

Él conoce sus ovejas, las suyas le conocen. Él las guía (vv.3,4,14) y es "la puerta de las ovejas" (vv.7,9) y vino para dar vida a sus seguidores (v.10).

Él es "el buen pastor; el buen pastor su vida da por las ovejas" (v.11).

En lo que debió ser una referencia al alcance universal y no exclusivamente judío de su ministerio, Jesús añadió: "También tengo otras ovejas que no son de este redil; aquéllas también debo traer, y oirán mi voz; y habrá un rebaño, y un pastor" (v.16).

Él puso su vida por las ovejas (v.15). Por eso lo ama su Padre, porque Él puso su vida (vv.17-18).

III. En Jesús Dios renueva

Juan 21:1-14 enseña que hay momentos en la vida de los seguidores del Señor en los que la necesidad más profunda puede ser la de que seamos renovados en nuestra relación con Él. El intrigante drama a orillas del mar de Tiberias nos ilustra bien esa clase de necesidad y la manera en que el Señor la suple.

Es cierto que, en parte, debieron reponerse de tan desconcertante condición gracias a que su Señor había resucitado y que se les había "manifestado" dos veces (Juan 21:14).Pero ahora hacía dos semanas que no lo habían visto ni sabían de Él.

La relación de Cristo con sus discípulos sería dramáticamente renovada. Para los siete discípulos, y para los demás que no estaban presentes, Jesús se volvería más real que nunca. Y pronto todos saldrían al mundo a contar del Cristo que renovó sus vidas, y de la salvación que Él trajo para todo aquel que creyera en el evangelio (Juan 6:35).

Dios se acerca al ser humano

Hoja de actividad

Versículo memorizar: "Yo soy el buen pastor; el buen pastor su vida da por las ovejas" Juan 10:11.

I. En Cristo Jesús Dios provee

Lea la afirmación de Juan 6:14 ¿Cómo llegaron ellos a esa extraordinaria conclusión? ________________

____

____

____

II. En Cristo Jesús Dios guía

¿Resolveremos hoy que Jesucristo será siempre nuestro "buen pastor"? ¿Que será siempre nuestro guía para salvación y vida plena aquí y en la eternidad? ¿Cómo haremos esto? (Juan 10:1-21). ________________

____

____

____

III. En Cristo Jesús Dios renueva

¿Quiere también nuestro Señor renovar las vidas de los que necesitemos un nuevo comienzo en nuestra relación con Él hoy? ¿Cómo? (Juan 21:1-14). ________________________________

____

____

____

Conclusión

Seguros de que Dios se acercó a nuestras vidas por medio de Jesucristo, digamos dichosamente con el escritor de la Epístola a los Hebreos: "Y el Dios de paz que resucitó de los muertos a nuestro Señor Jesucristo, el gran pastor de las ovejas, por la sangre del pacto eterno, os haga aptos en toda obra buena para que hagáis su voluntad, haciendo Él en vosotros lo que es agradable delante de él por Jesucristo; al cual sea la gloria por los siglos de los siglos. Amén" (Hebreos 13:20-21).

El catéter de Dios

Arnulfo Rodas (EUA)

I. Un corazón lleno de fe

A. Calurosa bienvenida

Esta visita contrasta con la inhospitalaria recepción que se le hizo en Judea (Juan 4:43-54). Un oficial, que oyó sobre el milagro de la conversión del agua en vino, vino a Él y le rogó que descendiera para sanar a su hijo que estaba a punto de morir. Le pidió al Señor que acudiera a su casa y sanara al muchacho. Jesús vio su fe, pero demandó un grado mayor de fe de parte de este padre cuando meramente le dijo:"Ve, tu hijo vive" (v.50).

B. La sanidad del joven

Y el hombre creyó la palabra que Jesús le dijo, y se fue (v.5)." Los criados, felicísimos al ver que el hijo de su amo se había recuperado repentinamente, salieron a su encuentro, con el fin de darle las alegres noticias, sabiendo que lo muy feliz. El resultado de esto fue que el padre y toda su familia creyeron en Jesús (v.54).

II. Una vida transformada

A. Un corazón agotado

Juan 5:1-18 narra el evento de la visita de Jesús a Jerusalén, durante una fiesta de los judíos donde se encontró con un paralítico, desvalido, incapaz de andar. Era de mucho sufrimiento para él y una carga para la sociedad en general y Jesús lo sanó cambiando su realidad y la de su entorno.

De igual manera el pecado agota. "Ningún hombre puede curar o aliviar por sí mismo, ni la penicilina, ni los medicamentos, ni el bisturí del cirujano pueden hacer nada". (1000 bosquejos para predicadores. Samuel Vila, Barcelona: s/f, p.521).

B. Jesús me sanó

Cada persona sanada por el poder de Cristo dará fruto. El contexto del pasaje nos muestra que era una fiesta judía y el lugar donde Jesús estaba era el estanque llamado Betesda, y había allí un hombre que tenía treinta y ocho años de estar enfermo, (5:5) y Jesús le dijo en su nombre y con autoridad, que sólo pertenece al Supremo: Levántate, toma tu lecho y anda, (v.8). Al momento el hombre quedó totalmente sano como una muestra más del poder omnipotente de Dios. Ésta situación motivó aún más su persecución, pues los judíos reconocieron que Jesús no sólo quebrantaba el sábado, sino que también se hacía igual a Dios.

III. Un corazón necesitado

A. Mundo tenso y necesitado

El mundo en que vivimos está ilustrado en el versículo 1 de Juan 9:1-12 que habla de un "ciego de nacimiento". El pasaje en su contexto presenta a Jesús como la luz del mundo; un Cristo capaz de restaurar al hombre, aunque sean casos extremos.

B. Poder divino

Jesús iba pasando por el camino y se encontró con un mendigo ciego. Al verlo, los discípulos le preguntaron: "Rabí, ¿quién pecó, este o sus padres, para que haya nacido ciego?" Esta pregunta nos muestra que los discípulos tenían en mente la creencia que existía en ese tiempo entre los judíos, de que si los padres pecaban, esto afectaba a los hijos, (Éxodo 20:5; 34:7; Números 14:18). La respuesta de Jesús "No es que pecó éste ni sus padres, sino para que las obras de Dios se manifiesten en él, (v.3) indica que no debemos buscar culpables, sino aprender el plan de misericordia divina de Dios por medio de su Hijo Jesucristo.

Cuando juzgamos sin motivos rectos, no apreciamos lo objetivo de las cosas . Dicho todo esto, escupió en tierra, e hizo lodo con la saliva y untó con el lodo los ojos del ciego, (v.6). ¡Jesús, la Luz!, estaba en pleno ejercicio de su autoridad; aquí no hay superstición, solamente brilla la luz del que dijo:"Yo soy la luz del mundo", (Juan 8:12).

El catéter de Dios

Hoja de actividad

Versículo para memorizar: "...Mira, has sido sanado; no peques más, para que no te venga alguna cosa peor" Juan 5:14b.

I. Un corazón lleno de fe

¿Cuál es el carácter divino en el pasaje de Juan 4:50? (Juan 4: 43-54). ______________________________

____

____

¿Qué significan las palabras de Jesús: "Si no viereis señales y prodigios no creeréis"? Juan 4:48? __________

____

____

¿Qué aspecto es común entre Jesús, el noble de la historia y usted, y cómo aplica esto a su vida? ________

____

____

"Y creyó él y toda su casa"(v.53). ¿Cree que eso ocurre hoy día? ______________________________

____

____

II. Una vida transformada

¿Con qué propósito Dios sana un corazón agotado? (Juan 5:1-18). ______________________________

____

¿Cuál es la enseñanza del pasaje?____

____

III. Un corazón necesitado

¿En qué difiere Éxodo 20:5 y las palabras de Jesús y Juan 9:3? (Juan 9:1-12). ______________________

____

¿Recibe en su corazón el carácter divino de Cristo? ______________________________________

____

Conclusión

La vida de fe nos demanda dar testimonio de la divinidad de Cristo quien nos sanó y perdonó de todos nuestros pecados. Si un catéter es capaz de viajar por el interior de nuestras arterias para detectar y arreglar una falla en nuestro cuerpo, dejemos pues, que el Espíritu de Dios viaje por nuestras almas y nos muestre cuál es nuestra necesidad espiritual.

Milagro con propósito

Daniel Pesado (España)

I. El conocimiento previo de Jesús

A. La necesidad

Aunque parezca una contradicción para muchos, los amados de Dios también se enferman y a veces de gravedad (Juan 11:1-17).

Lázaro estaba grave, al punto de necesitar un milagro de Jesús. No había mucho tiempo que perder pues Lázaro, lo supieran o no sus hermanas, estaba agonizando. Es más, probablemente al regresar el mensajero enviado a buscar a Jesús la situación sería mucho peor.

B. ¿Cómo se glorificó Dios?

¿Cómo podía Dios beneficiarse con la enfermedad mortal de Lázaro? (v.4). Más bien nos acostumbramos a creer que Dios se glorifica por lo que nosotros consideramos bueno en nuestra vida, por las cosas que nosotros testificamos. Pero pensar que una enfermedad pueda ser para la gloria de Dios, es una idea difícil de asimilar. Como seres humanos pensamos que somos el centro del universo. El sufrimiento tiene un enorme poder para magnificar nuestro yo y hacernos olvidar al resto de la humanidad.

C. La tardanza de Dios

Jesús amaba a Marta, a María y a Lázaro. Sin embargo, no fue a Betania de inmediato, (v.6). Este es uno de los gestos más incomprensibles, aún paradójicos de Jesús. Pero el Maestro comenzó a "correr el telón" que ocultaba lo que realmente acontecía, (vv.14-15a). La tardanza de Dios es uno de los misterios más difíciles de aceptar para muchos cristianos. Indudablemente nuestro manejo del tiempo y las prioridades no coinciden con las de Dios.

II. La compasión de Jesús

A. Ayuda en camino

Solemos decir, "quien espera, desespera". Nunca mejor aplicado a la situación vivida en este hogar de Betania (Juan 11:18-37). Enviaron a buscar a alguien de confianza, que les amaba (v.3); pero éste no llegaba. La realidad es que, aunque María y Marta no lo sabían, Jesús estaba en camino. La ayuda, la salvación estaba en camino. Dios comienza a trabajar mucho antes de que nosotros lo comprendamos (Isaías 65:24). ¡Cómo cuesta entender algunas expresiones del amor de Dios! (v.5).

B. La humanidad de Jesús

En Juan 11:33 tenemos una clara expresión que demuestra la humanidad de Jesús. Sin duda actitudes como estas inspiraron al apóstol Pablo a escribir en su carta a la iglesia en Roma, "Gozaos con los que se gozan; llorad con los que lloran" (12:15).

"Jesús lloró" (v.35), es el versículo más corto de la Biblia, pero uno de los versículos que mejor refleja lo que hay en el corazón de Dios: Amor por sus hijos.

III. La capacidad de Jesús

A. ¿Vida? ¿Dónde?

Vida auténtica es lo que necesitamos, es de lo que el pecado nos privó en el mismo momento de la caída (Génesis 3; Romanos 6:23). Es por esta causa que el ser humano posee en su ser interior una profunda sed de inmortalidad. Nuestro espíritu reclama esa realidad de manera constante.

B. Autoridad incuestionable

Muchos cristianos piensan que una vida transformada es el simple resultado de presentar 3 o 4 versículos, arrancar una confesión más o menos voluntaria y eso es suficiente. Pero lidiar con el pecado y sus consecuencias no es una tarea fácil. Si fuera tan simple como muchos lo imaginan no hubiera hecho falta la muerte de Cristo. Jesús nos da vida, plenitud de vida aquí y ahora.

C. La gloria de Dios

El versículo 40 es, probablemente, la promesa más amplia que Jesús hizo a ser humano alguno. Ver "la gloria de Dios" abarca contemplar el propósito de Dios, desde la creación hasta llegar a su presencia y todo es posible por fe en Jesucristo. Es decir, quienes ven y confían en Jesús como Hijo de Dios ya ven en esta vida, aunque de manera parcial, la gloria de Dios. Pero también la gloria de Dios se manifestó al resucitar a Lázaro.

Milagro con propósito

Hoja de actividad

Versículo para memorizar: "Yo sabía que siempre me oyes; pero lo dije por causa de la multitud..., para que crean que tú me has enviado" Juan 11:42.

I. El conocimiento previo de Jesús

¿Cuáles son las manifestaciones en la lección, y en el pasaje bíblico usado, que declaran que Jesús conocía de antemano (presciencia) lo que sucedía en Betania? (Juan 11:1-17). Haga una breve lista.

____

____

____

____

II. La compasión de Jesús

¿Qué otros pasajes de los evangelios que recuerde expresan la compasión que experimentaba Jesús? ______

____

____

¿Qué acciones que expresen compasión, al estilo de Jesús, realiza su iglesia o su familia. ______

____

____

III. La capacidad de Jesús

Haga una lista de versículos bíblicos en los que se afirme que la vida plena se halla únicamente en Jesús.

____

____

____

Comparta con la clase brevemente lo que significó para usted pedir a Cristo que entre a su corazón. ¿Qué cambios experimentó comparado con su antiguo estilo de vida?

____

____

____

____

Conclusión

Jesús fue atraído a Betania por la necesidad urgente de una familia. Esta familia representa el dolor, la angustia y la impotencia del ser humano ante los efectos del pecado. Jesús puesto en pie frente a la tumba de nuestro fracaso y vacío espiritual, nos llama a salir, como a Lázaro, pues quiere darnos una vida plena y abundante.

Jesús y los "Yo soy"

Adolfo González (México)

I. Agua de vida

En los primeros versículos de Juan 4:1-14 vemos que Jesús trataba de evitar a los fariseos, de tal manera que en esta oportunidad decidió cambiar de ubicación geográfica, moviéndose de Judea a Galilea, ya que en esa región había menos fariseos (1-3).

Un judío tradicionalmente no trataría de pasar a través de Samaria para ir de Judea a Galilea (v.4), sino que preferiría bordear esta región, aunque esto implicaba más tiempo y esfuerzo. Pero Jesús no tuvo problemas y decidió utilizar la ruta más corta y efectiva. Al mencionar el cansancio de Jesús (vv.5-6) es la forma en que Juan presentó la humanidad de Jesús, Él se cansaba como cualquier otro ser humano.

Jesús no desperdiciaba ninguna oportunidad para compartir con las personas su mensaje e hizo cosas totalmente revolucionarias para su época, (vv.7-9).

En Juan 4:10 Jesús le dijo a la samaritana: "Si conocieras el don de Dios, y quién es el que te dice: Dame de beber; tú le pedirías y Él te daría agua viva". El agua que la mujer de Samaria estaba bebiendo con su vida sin Dios, estaba muerta. Una vida religiosa pero inmoral, está muerta.

En Juan 7:37-38 leemos que Jesús dijo: "Si alguno tiene sed, venga a mí y beba. El que cree en mí, como dice la Escritura, de su interior correrán ríos de agua viva".

II. Pan de vida

Los judíos y sus líderes religiosos recordaban el maná del desierto como el pan del cielo porque literalmente bajaba del cielo cada amanecer (Juan 6:31-32). El pan como alimento para el hombre satisface temporalmente, pero hay un verdadero pan, el pan del cielo, el que vino, estuvo entre nosotros y volvió al cielo. Podemos ver en Juan 6:26 la omnisciencia de Jesús, quien conocía el corazón del ser humano. El Señor les declaró las verdaderas intenciones de la gente que le seguía, la cual lo hacía con la única intención de alcanzar un beneficio puramente personal y material. Jesús los exhortó a esforzarse no solamente por aquello que es material, (v.27), sino que Él los llamó a esforzarse por lo que verdaderamente tenía valor, es decir, el Reino de Dios. Cuando hagamos de Jesús el único y verdadero Señor y que él ocupe el centro de nuestra vida, podremos disfrutar el verdadero "Pan del cielo".

III. Luz del mundo

Cuando la luz se va todos queremos hacer algo, pero la misma oscuridad nos inmoviliza. La luz siempre será luz y su función es y será alumbrar. Jesús es la luz del mundo, y aunque éste le rechace, la luz divina siempre alumbrará, Juan 8:12-20. Jesús es la "única" luz que el mundo tiene, ya que el mundo está sumergido en total oscuridad. Cuando Jesús viene a nuestras vidas toda la oscuridad desaparece. Cuando la oscuridad desaparece de nuestras vidas podemos estar completamente seguros que nuestra alma pertenece a Dios, y que seremos capaces de alumbrar a otros que aún permanecen en la oscuridad.

"El que me sigue, no andará en tinieblas", Juan 8:12.

Seguir a Jesús implica humildad, obediencia, fidelidad y entrega total. Esta misma palabra usó Jesús cuando llamó a sus primeros discípulos y les dijo: "Sígueme" (Mateo 9:9; Marcos 2:14; Juan 1:43). Es la primera gran palabra del discipulado cristiano. Si no hay entrega no hay seguimiento, si no seguimos a Jesús no hay nada, la luz aún no ha llegado, sólo hay una vida opacada y un cielo gris.

¿Quieres caminar en la luz y tener la luz de la vida? Sigue a Cristo. A menos que quieras seguir tropezando día a día y cayendo vez tras vez y llorando por tus problemas y tus pecados. No podemos ser la fuente de la luz ni la lámpara que la emite, pero sí el espejo que la refleje.

Jesús y los "Yo Soy"

Hoja de actividad

Versículo para memorizar: "Y respondió Dios a Moisés: YO SOY EL QUE SOY. Así dirás a los hijos de Israel: YO SOY me envió a vosotros" Éxodo 3:14.

I. Agua de vida

Viendo la forma en que Jesús usó para comenzar el diálogo con la samaritana, (Juan 4:1-14) se le ocurre alguna forma para acercarse a las personas de alrededor de la iglesia, según los intereses que ellos tienen. ¿Cuál podría ser? ____________________

____

____

____

II. Pan de vida

Según las costumbres de su país, ciudad o pueblo, escriba la importancia que tiene el pan. ____________________

____

____

Luego, explique el significado espiritual de que Cristo es un pan tan especial para nosotros, Juan 6:25-35. ____

____

____

III. Luz del mundo

Explica qué significa que Jesús sea la luz y que haya dicho que nosotros somos la luz del mundo (Mateo 5:14; Juan 8:12-20) ____________________

____

____

____

¿Cómo podemos ser luz en forma práctica con nuestra iglesia? ____________________

____

____

____

Conclusión

El agua, el pan y la luz, son metáforas que Jesús tomó apropiándose de ellas por el tremendo significado que tiene cada una. Estas tres cosas son necesarias para la vida. No podemos vivir sin agua, sin pan y sin luz. Es evidente que Jesucristo está diciéndote "soy la vida para ti".

Confíen ya vencí por ustedes

Saúl Carranza (EUA)

I. La promesa del Espíritu Santo

A. No los dejaría solos

Jesús quería que sus discípulos estuvieran conscientes de que vendrían persecuciones sobre ellos (Juan 16:1-6), el odio que el mundo sintió contra Él lo sentiría contra ellos (Juan 15:18). Lo más triste de todo era que ese odio y persecución lo desarrollarían en el nombre de Dios y en el nombre de la religión. Jesús les explicó que cuando los expulsaran de las sinagogas o los apedrearan pensarían que estaban haciendo un servicio a Dios, porque los religiosos no conocían a Dios. Todavía hoy hay quienes piensan que con actos de religiosidad o negándole la entrada a un cristiano a su casa están haciendo la voluntad de Dios. El capítulo 16 es parte del discurso de despedida de Jesús.

B. Haría la obra en ellos

Jesús les habló acerca de la necesidad que Él se fuera (Juan 16:7-15). Una de las razones para irse fue que su cuerpo humano lo limitaba a estar en un solo lugar, pero el consolador, el Espíritu Santo, iba a estar con ellos en todo lugar. Jesús se encarnó y estuvo con sus discípulos humanamente, en un solo tiempo y un solo lugar, pero el Espíritu Santo vendría y estaría con todos y en todo lugar, (omnipresente) y los guiaría a toda verdad (v.13).

II. El gozo que viene de Dios

A. La confusión de los discípulos

Jesús les siguió hablando sobre su inminente partida (Juan 16:16-18). Pero aunque Jesús hablaba claro, para la finita inteligencia de sus discípulos sus enseñanzas eran difíciles de entender. Cuántas veces experimentamos esa misma falta de sabiduría que tuvieron los discípulos. La palabra de Dios necesita ser entendida desde la mente de Dios y por eso necesitamos del Espíritu Santo para que la haga entendible para nosotros. Porque hay verdades que Dios reservó para aquellos que diligentemente buscan la voluntad de Dios.

B. La respuesta de Jesús

En esta porción Jesús no les aclaró a los discípulos que estaba hablando de su crucifixión, muerte y resurrección (Juan 16:18-22). Él les dijo que el dolor temporal que les esperaba se compararía al de una madre cuando va a dar a luz (v.21). Al principio hay mucho dolor y sufrimiento, pero cuando el niño nace el dolor se olvida y cede su lugar a la alegría de recibir al niño.

C. Pidiendo en el nombre de Jesús

Jesús les enseñó que el Padre toma muy en cuenta el sufrimiento de los discípulos y que tiene muchas bendiciones preparadas para devolverles el gozo. Pero que para tener esas bendiciones ellos debían pedir en el nombre de Jesús (Juan 16:23-24). Dios no va a negar las bendiciones a sus discípulos, porque Él anhela que ellos se gocen. El Padre desea que descubran las bendiciones añadidas de buscar primero el reino de Dios y su justicia, pero la condición que puso fue, pedir. El Padre anhela colmarlos de bendiciones, pero debemos pedir y no solamente pedir sino hacerlo poniendo toda nuestra confianza en Jesús el autor y consumador de la fe.

III. La confianza y la paz

Finalmente Jesús aclaró a sus discípulos las enseñanzas que les dio por alegorías (Juan 16:25-33). Ellos podían confiar en Él, porque Jesús, vino del Padre y aunque temporalmente estuvo en la tierra volvería a Dios. Todo el ministerio de Jesús tuvo el propósito de acercar al hombre a Dios el Padre (v.25). La confianza del verdadero discípulo es que Jesús estableció una nueva relación entre el ser humano y Dios. Jesús nos reconcilió con Dios para "ser hechos hijos de Dios" (Juan 1:12) y de esa manera nos mostró el camino y nos dejó la puerta abierta para acercarnos al Padre (v.26).

Confíen ya vencí por ustedes

Hoja de actividad

Versículo para memorizar: "En el mundo tendréis aflicción; pero confiad, yo he vencido al mundo" Juan 16:33.

I. La promesa del Espíritu Santo

¿Cuál sería la función del Espíritu Santo después que Jesús murió? (Juan 16:8,13).

¿Cuál es la función del Espiritu Santo hoy en la iglesia?

II. El gozo que viene de Dios

¿Qué fue lo que Jesús les explicó a sus discípulos acerca del sufrimiento que tendrían? (Juan 16:21)

¿Puede explicar en sus propias palabras cómo es el gozo de Dios, a pesar de las tribulaciones que pasamos? Puede compartir testimonios donde esto fue una realidad.

III. La confianza y la paz

¿Cuál es la confianza del verdadero discípulo? ¿Es esta confianza real en mi vida?

¿Por qué los cristianos no podemos darnos por vencidos ante los ataques del enemigo?

Conclusión

No sabemos lo que nos tocará vivir, pero una cosa sí sabemos que si somos discípulos de Cristo el Espíritu, el gozo y la paz nos acompañarán siempre porque Él es el vencedor.

Jesús nuestro supremo intercesor

Ulises Solís (Guatemala)

I. Jesús oró por sí mismo

A. Relación con el Padre

A nuestro Señor le esperaba la muerte de cruz, esta lo llevaría a experimentar el dolor y la aflicción, por esta razón alzó sus ojos al cielo y exclamó: "Padre la hora ha llegado", (Juan 17:1). Algunos exégetas en Biblia llaman asertivamente a todo el capítulo 17 de este Evangelio como el "lugar santísimo", porque el autor sagrado registró al Hijo de Dios conversando profundamente con su Padre.

B. Oración íntima

En este maravilloso diálogo encontramos que el Padre facultó al Hijo para que diera vida eterna a todos los que le dio (v.2). Enseguida pidió que conocieran al Padre y a Él mismo (v.3). Vale la pena aclarar que este conocimiento no es intelectual, sino por medio de una experiencia personal como producto de una comunión profunda con el Padre (v.3). Nadie puede experimentar la vida eterna, si no ha tenido una experiencia personal de haber sido transformado por el poder de Dios manifestado en Cristo. Sigue su oración, y Jesús manifestó que concluyó con su obra, (v.4). Jesús miró la cruz como un medio para glorificar a su Padre. La cruz antes de su muerte, era un símbolo de derrota, pero después de su resurrección para los que creen en Jesús pasó a ser símbolo de victoria, pues en ella llevó nuestros pecados. Pero tomar la cruz significa morir a nuestro yo viciado con deseos e intereses egoístas, y también llevarla hasta el lugar donde podemos llegar a morir por causa de su evangelio. Por lo tanto cada discípulo debe considerar su costo, de lo contrario puede retroceder a tiempo, (Lucas 14:25-27; Gálatas 2:20).

II. Jesús rogó por sus discípulos

A. Peticiones especiales

La verdad central en esta sección es la santificación de sus discípulos (Juan 17:9-19). Jesús se concentró en orar específicamente por ellos diciendo "Yo ruego por ellos", con esto en mente bien podemos decir que su papel aquí fue la de un abogado que intercedió por sus seguidores. Tanto los discípulos de aquella época, como los de hoy somos valiosos para Dios, somos su pueblo, su propiedad. Muchas discusiones se evitarían en la iglesia si fomentáramos la unidad de corazón y espíritu. Jesús también pidió para que tuvieran su gozo (v.13) en sus corazones.

B. Relación con Dios

En la oración intercesora, Jesús oró al Padre para que los discípulos sean santificados en la verdad de Dios, (v.17). Esto quiere decir que el discípulo no puede santificarse a sí mismo y sólo Dios por su Espíritu Santo puede hacer esta segunda obra de gracia. El creyente puede experimentar la santificación en cualquier momento de su vida cristiana, después que se consagre y obedezca Hebreos 12:14.

C. Relación con la misión

En el versículo 18 Jesús oró por la obra evangelística y misionera que debían hacer sus discípulos. Qué privilegio ser embajadores del Reino de Dios, anunciando que la reconciliación del hombre con Dios está hecha por Cristo, (2 Corintios 5:17-21).

III. Jesús rogó por la iglesia

A. La unidad de la iglesia

En Juan 17:11, Jesús ya había orado por la unidad de sus discípulos, pero aquí oró, por la unidad que deben tener todos aquellos que han de creer en Él por su Palabra (vv.20-23). Esta perfección de unidad es producto de la presencia del Espíritu Santo en sus hijos.

B. Su amor incomparable

Cristo teniendo muy próxima su muerte vicaria, por medio de la oración estaba haciendo arreglos con su Padre sobre el futuro hogar para sus discípulos. Los versículos 24 al 26 revelan la certeza de un futuro mejor, pues oró a su Padre para que en la glorificación de nuestros cuerpos podamos estar en su presencia.

Jesús nuestro supremo intercesor

Hoja de actividad

Versículo para memorizar: "Yo les he dado tu palabra; y el mundo los aborreció, porque nos son del mundo, como tampoco yo soy del mundo" Juan 17:14.

I. Jesús oró por sí mismo

¿Qué piensa usted de la oración intercesora que hizo Jesús antes de morir? ____________________

Si en una semana fuera usted a morir, ¿cómo oraría? Piense en esta situación y escriba una oración. ________

II. Jesús rogó por sus discípulos

¿Qué pidió Jesús para sus discípulos según Juan 17:9-18? ____________________

¿Qué quiso decir Jesús en Juan 17:18? ____________________

III. Jesús rogó por la iglesia

¿Qué pidió Jesús para su iglesia? ¿Para qué pidió eso? (Juan 17:11,20-23) ____________________

Como iglesia ¿estamos cumpliendo el deseo de Jesús en su oración? ____________________

Conclusión

¡Qué amor mostró Jesús por sus discípulos hasta el último momento! Quiera Dios que su deseo de que exista una iglesia santa y unida pueda ser una realidad en nuestra iglesia.

Jesús fuente de transformación

Denis Espinoza (Nicaragua)

I. A pesar de nuestras dudas, Jesús cree en nosotros

A. De Betania a Galilea

Jesús se trasladó a Galilea y allí continuó su tarea de captar discípulos para su causa. En su búsqueda intencional, halló a Felipe y lo invitó a unírsele (Juan 1:43). Este Felipe es el que llegó a ser apóstol, no se le debe confundir con Felipe, el diácono (Hechos 6:5).

B. El testimonio de Felipe

Felipe encontró a Natanael y le testificó acerca de Jesús (Juan 1:45-46). Su testimonio estaba basado en: Su experiencia y en las Sagradas Escrituras. En efecto, Felipe vio a Jesús, escuchó su invitación a seguirlo y estuvo decidido a andar con Él en la misión. Felipe era un asiduo lector y estudioso de las Escrituras y ello le llevó a la firme conclusión y convicción de que Jesús de Nazaret era el Mesías prometido y esperado por el pueblo. El conocimiento que tenía era incipiente, todavía no comprendía la majestad y la divinidad de Jesús, (Juan 1:45) aunque sabemos también, que dichos conceptos no se habían desarrollado ampliamente.

C. De escéptico a creyente

El receptor del testimonio de Felipe cuando escuchó Nazaret, se mostró escéptico (1:43-50). Muchos judíos eran prejuiciosos y menospreciaban Nazaret y Natanael no era la excepción. Pero Felipe insistió. El escéptico, finalmente cayó vencido, e hizo una hermosa confesión (v.49). A Natanael le presentaron a Jesús como el hijo de José, pero ahora, por el contacto personal y directo con Él, se dio cuenta que Jesús era alguien más que un hombre. Esto fue sólo el comienzo, en su crecimiento junto a Jesús, Natanael vería cosas mayores (v.50).

II. A pesar de nuestro pasado, Jesús nos usa

A. La iniciativa de Jesús

Al pasar por Samaria le dijo a la mujer:"dame de beber" (v.7). Con esa petición se inició un hermoso diálogo que trajo como resultado la salvación de muchas personas.

B. Dos tipos de aguas

El agua física (v.11) calmaría la sed física de Jesús, de ella y de cuántos la tomaran. Su fuente era el pozo de Jacob, de él habían bebido Jacob, sus hijos y sus ganados. Pero Jesús dio una declaración contundente (Juan 4:13). El agua de vida es también una referencia a la vida que disfruta de la plenitud del Espíritu Santo. Aunque con un entendimiento todavía borroso, la mujer pidió al Señor:"dame esa agua" (v.15).

C. El pasado moral y la religión

La presencia de Jesús y el diálogo que se desarrolló entre Él y la samaritana, trajo a luz el pasado moral de ella. Jesús indagó y confrontó a la mujer con su realidad (v.16). Los resultados de dedicar tiempo a una mujer que en su cultura no era bien valorada, no se dejó esperar; "muchos de los samaritanos creyeron en Él" (Juan 4:39-42).

III. A pesar de nuestra condición, Jesús nos perdona

A. La ocasión

En Juan 8:1-11 leemos que lanzaron una pregunta a Jesús (vv. 4-5). Los escribas y fariseos tendieron una trampa al Maestro, le estaban tentando para poder acusarle (v.6). Así que, no fue nada inocente la pregunta (v.5), detrás de ella, había una mala y perversa intención.

B. La imperturbable actitud de Jesús

Como en otras ocasiones, el Señor Jesús permaneció imperturbable. Tuvo control y dominio sobre la situación y no permitió que sus adversarios se salieran con la suya (vv.6b,8). El Señor dictó una sentencia llena de justicia, equidad y compasión. Dado que los escribas y fariseos insistieran, el Señor dio su veredicto dirigido a las partes involucradas (v.7) y los acusados por sus conciencias no soportaron la palabra y la presencia del Señor, y salieron silenciosamente, uno tras otro (v.9). Y a la acusada, no la condenó (vv.10-11).

Jesús, fuente de transformación

Hoja de actividad

Versículo para memorizar: "Mujer, ¿dónde están los que te acusaban? ¿Ninguno te condenó? Ninguno, Señor. Ni yo te condeno; vete y no peques más" Juan 8:10-11.

I. A pesar de nuestras dudas, Jesús cree en nosotros

¿De dónde eran Felipe, Pedro y Andrés? (Juan 1:43-51). ______________________

____

¿Cómo se mostró Natanael? ______________________

____

¿Vemos ese escepticismo y prejuicio hoy? Mencione ejemplos. ______________________

____

II. A pesar de nuestro pasado, Jesús nos usa

¿Cuáles son las dos maneras de interpretar la necesidad de Jesús de pasar por Samaria? (Juan 4:4-42). _____

____

¿Cuáles son los tipos de agua que se mencionan en la lección? ______________________

____

¿Cuál es la naturaleza del agua viva? ______________________

____

¿Cuál es la naturaleza de la verdadera adoración? ______________________

____

III. A pesar de nuestra condición, Jesús perdona

¿Quiénes trajeron a la mujer adúltera ante Jesús? (Juan 8:1-11). ______________________

____

¿Fue correcto que llevaran sólo a la mujer adúltera, y no al hombre adúltero ante Jesús? ¿Por qué? ________

____

¿Qué le dijo Jesús a los acusadores y a la acusada? ______________________

____

¿Qué piensa de la actitud de Jesús ante esta mujer? ______________________

____

Conclusión

Hoy, Jesucristo sigue llamando a los pecadores y a las pecadoras, les ofrece su gracia y perdón. No importa lo que hayan hecho, Él los perdona, los recibe y transforma.

Jesús, Dios, siervo y maestro

Ozier Perales (Perú)

I. La divinidad de Jesús

A. Por su origen

El origen de Jesús está en el "principio", es el origen de toda existencia, Juan 1:1-4. El autor no sólo mencionó su existencia sino también su acción creadora. La existencia de todo lo creado tiene el sello de la acción del Verbo, el cual era Dios. Al llegar a éstos capítulos finales vemos que Jesús era consciente que su existencia terrenal estaba llegando a su fin, (Juan 13:1). Él regresaba al lugar de donde había salido (Juan 13:3). La divinidad de Jesús está confirmada bíblicamente y es una realidad, los que han intentado en el pasado e intentan en el presente negar su divinidad, han fracasado y fracasarán, porque para los cristianos la divinidad de Jesús es una de las verdades fundamentales de la fe.

B. Por su gran amor

Una de las más grandes manifestaciones de Jesús fue su gran amor, Juan 13:1b, nadie pudo amar como Él, amor que lo llevó hasta la cruz. Es interesante relacionar las expresiones de Juan en el capítulo 3 y en el 13, "los amó hasta el fin" (13:1) la versión Dios habla hoy y otras más lo traducen "los amó hasta el extremo" es decir hasta la más grande manifestación del amor y relacionándolo con Juan 3:16, descubrimos que el amor de Jesús es igual al amor de Dios. Este amor divino hizo que Jesús fuera a la cruz para lograr la salvación de la humanidad. La divinidad de Jesús está confirmada bíblicamente Él es divino porque Él es Dios (Juan 14:7, 9b-11).

II. El servicio de Jesús

A. Quitando obstáculos para servir

Es necesario observar que el manto que usaba Jesús era símbolo de majestad y autoridad, sin embargo para hacer el servicio que Jesús iba a realizar resultaba un obstáculo, por eso Jesús se lo quitó (Juan 13:4). Pablo en Filipenses 2:5-7 interpretó el sentir que hubo en Cristo Jesús, no se aferró a su dignidad divina, sino que se despojó a sí mismo tomando forma de siervo. Esto lo vemos claramente en el relato de Juan 13.

B. Equipándose de recursos para servir

Para hacer un servicio, además de la voluntad necesitamos agenciarnos de recursos que nos faciliten el servicio (Juan 13:4-5). Para lavar los pies a sus discípulos Jesús necesitó dos elementos, agua para lavar y una toalla para secar. Al ceñirse la toalla y tomar el depósito con agua hizo la función de un esclavo. Seguramente en nuestra cultura no se presente la necesidad de lavar los pies, pero existirán otras necesidades en las que podemos servir.

C. La actitud de Pedro

Lo primero que nos sugiere la negativa de Pedro es un respeto y admiración por Jesús, (Juan 13:6-10). Con criterio puramente humano consideró un acto insólito que su Maestro y Señor le lave los pies. Lo que podemos ver en esta actitud es el comportamiento puramente humano. El verdadero servicio produce bienestar a la persona que lo recibe y el servicio completamente desinteresado da gozo al que sirve. ¡Sirvamos siempre que tengamos oportunidad!

III. La enseñanza de Jesús

A. Jesús como maestro

El lavado de los pies había concluido, (Juan 13:12-15) Jesús tomó su manto símbolo de dignidad, volvió a la mesa y motivó la mente de sus discípulos con la pregunta "¿sabéis lo que os he hecho?" ¡Qué motivación tan precisa! (vv.13-15).

B. Una lección objetiva

La enseñanza que Jesús quiso dejar a sus discípulos era la humildad y el servicio. Esta lección no la dio con palabras sino que a través de un ejemplo práctico (Juan 13:14-16) enseñó cuál era la manera de "ser el mayor" (Lucas 22.26). Dejemos la manipulación a un lado y enseñemos con el ejemplo de humildad y servicio.

Jesús; Dios, siervo y maestro

Hoja de actividad

Versículo para memorizar: "Pues si yo, el Señor y el Maestro, he lavado vuestros pies, vosotros también debéis lavaros los pies los unos a los otros" Juan 13:14.

I. La divinidad de Jesús

¿A su parecer qué razones nos prueban la divinidad de Jesús? ____________________

____

____

____

¿Cuál es el mejor versículo bíblico que le confirma que Jesús es divino? ____________________

____

____

____

II. El servicio de Jesús

¿Cuál de sus discípulos se negó a que Jesús le lave los pies? ¿Por qué? (Juan 13:8a). ____________________

____

____

____

Mencione algún obstáculo que le impida servir a los demás. ____________________

____

____

____

III. La enseñanza de Jesús

Busque en su Biblia en el capítulo 13 de Juan y el versículo en el cual Jesús confirma que es maestro. ________

____

____

____

Recuerda alguna lección de la escuela, universidad o iglesia que le quedó grabada y recuerda muy bien ¿Cuál fue? ¿Por qué cree que la recuerda? (Comparta con la clase).

Conclusión

Jesús con la acción de lavar los pies a sus discípulos dejó para ellos y para todos los que nos consideramos sus seguidores un ejemplo de cómo lograr la grandeza espiritual.

Jesús restaura y comisiona

Ela González (Guatemala)

I. Un personaje muy particular: Pedro

El nombre de Pedro significa "piedra". Era hermano de Andrés e hijo de Jonás. Nació en Betsaida, por ser pescador, nos hacemos la imagen de un hombre tosco y rudo. Aparte de Jesús, es el más mencionado en el Nuevo Testamento. Estaba casado (Jesús sanó a su suegra), y fue uno de los doce discípulos. La vida de Pedro cambió cuando Jesús le dijo sígueme y él lo siguió. Fue transformado, su nueva labor fue otra clase de pesca), desde que decidió ir tras el Maestro, fue discipulado y nombrado pescador de hombres (Mateo 4:19) y finalmente el pastor de las ovejas de Jesús. Durante su vida como discípulo de Jesús lo negó en los días de la crucifixión (Mateo 26:73-75) y cuando Jesús resucitó, se entrevistó con Él, quien lo llamó Cefas (1 Corintios 15:5). En los capítulos 1-12 de los Hechos, sobresale como líder y apóstol. Es el autor de las epístolas 1 y 2 de Pedro. Cuando Herodes estuvo a punto de quitarle la vida, escapó mediante intervención de Dios y no se le volvió a mencionar en los Hechos, sino hasta en el capítulo 15 (concilio de Jerusalén). La imagen que de él nos transmitió la historia, es la de un hombre impetuoso pero sincero en su proceder. La tradición afirma que murió crucificado cabeza abajo en Roma.

II. Jesús nos conoce

A. Porque es el Pastor

Jesús vino a lo suyos (Juan 1:11-12), a rescatar las ovejas descarriadas del pueblo de Israel y a pastorearlas, sin embargo, "los suyos", el pueblo judío, no lo recibió. Igualmente Él cumplió su misión con los que sí estuvieron y están dispuestos a recibirle, los gentiles o sea nosotros. El Señor Jesús se llama a sí mismo, el buen pastor (Juan 10:11), que cumple la misión que le fue encomendada hasta el extremo de dar su vida para que sus ovejas no se pierdan.

B. Porque somos sus ovejas

Los que le recibieron fueron adoptados como suyos, les dio autoridad de ser llamados sus hijos, sus ovejas. Aunque muchos de los judíos sí le recibieron, y los llamó sus ovejas, en Juan 10:16 habla del redil de los gentiles como otro redil suyo "También tengo otras ovejas que no son de este redil; aquéllas también debo traer, y oirán mi voz; y habrá un rebaño, y un pastor". Y no es que Jesús quisiera tener dos rediles, la finalidad es llegar a contar con un solo rebaño, no dos rebaños, según dice en la parte final de Juan 10:16, que habrá un rebaño y un pastor.

III. Jesús nos da oportunidad

A. No éramos pueblo

No éramos del pueblo judío, sino gentil; la historia cambió para los que no eran su pueblo, desde el momento en que dio la oportunidad a "todo aquel que en Él cree", y llegó la esperanza de la salvación para todos, ahora también somos llamados pueblo suyo y ovejas de su prado (Hechos 15:4; Romanos 9:25-26; 1 Pedro 2:9-10).

B. La oportunidad de Pedro

Pedro, uno de sus discípulos, que prometió morir junto a Jesús, le negó tres veces y podríamos decir que era digno de ser desechado. Se diría que Pedro, aquel personaje tan peculiar, aún con esa traición, el mismo Jesús, lo comisionó para que se haga cargo de sus ovejas (Juan 21:15-19).

C. Mi compromiso

Es maravilloso pertenecer al redil de Cristo y conocer acerca de los beneficios eternales que nos regaló. Pero convertirnos en pueblo suyo, como ovejas de su prado, hace que todos los que estamos en la familia de Dios tengamos un compromiso con Jesús. Él dio todo por los pecadores y nos toca corresponder a su llamado.

Jesús restaura y comisiona

Hoja de actividad

Versículo para memorizar: "… Simón, hijo de Jonás, ¿me amas más que éstos? Le respondió: Sí, Señor: tú sabes que te amo. Él le dijo: Apacienta mis corderos" Juan 21:15.

I. Un personaje muy particular: Pedro

Pedro, un hombre ordinario y con tantos defectos, ¿Por qué cree usted que llegó a ser extraordinario? ____

___

___

II. Jesús nos conoce

¿Por qué cree que Jesús le conoce a usted? ___

___

___

¿Cómo hace usted cuando realiza algo y se da cuenta que no le agrada a Jesús? Comparta alguna experiencia si la tuviera. ___

___

¿Qué características tiene un pastor de ovejas? ¿Espera que tenga estas características su pastor? ___

___

III. Jesús nos da oportunidad

¿Cómo se les llamaba a los que sí eran pueblo, y a los que no eran? ___

___

¿A quiénes se les calificó como ovejas descarriadas? ___

___

¿Cree usted que Pedro merecía tener una oportunidad? ¿Por qué? ___

___

Si usted recibió a Jesús en su corazón y está dispuesto a obedecerle, escriba con sus propias palabras un compromiso entre usted y Él. ___

___

Conclusión

Si el Señor Jesús confió en Pedro para que fuera pastor de sus ovejas, ¿Qué cree que le está confiando a usted?

___

___

Jesús en el Evangelio de Juan

Patricia Picavea (Argentina)

I. Características del Evangelio de Juan

A. Enseñanzas en el Evangelio de Juan

En Juan 3 el autor enfatiza la importancia de lo que él llama el nuevo nacimiento, (Juan 3:3). La declaración de Juan (3:16), expresa tres verdades: El carácter universal del amor de Dios, su naturaleza de sacrificio y su propósito eterno. En Juan (3:19-21) se encuentra un eco del prólogo (Juan 1:5).

B. La autoridad de Jesús viene de Dios

Jesús comenzó explicando su naturaleza divina (Juan 5:19-24), diciendo que no se mandaba solo (Juan 5:19 "no puede el Hijo...") El Hijo de Dios era dependiente de su Padre; el Hijo veía (v.19), oía y hacía la voluntad del Padre (v.30). Que tanto estamos sujetos cada día, en cada decisión a la autoridad y voluntad de nuestro Dios, eso es algo que debemos reflexionar.

C. Jesús el buen pastor

En el pasaje de Juan 10:1-21 el Señor se compara con un buen pastor de ovejas. Jesús estaba interesado en que sus discípulos entendieran el contraste entre Él y su contraparte ese funesto y cruel enemigo de sus seguidores.

II. Vidas transformadas

A. La gloria de Dios

"¿No te he dicho que si crees, verás la gloria de Dios?" (Juan 11:40). Esta es, probablemente, la promesa más amplia que Jesús hizo a ser humano alguno. Ver "la gloria de Dios" abarca contemplar el propósito de Dios, desde la creación hasta hoy observando día con día el actuar de Dios en nuestras propias vidas y en las personas que nos rodean.

B. La promesa del Espíritu Santo

En los capítulos del 13-17 del libro de Juan, Jesús les habló a los discípulos que su pasión y muerte se acercaban. Él había cuidado de ellos. En el capítulo 16 les dijo que debía dejarlos para que viniera el Espíritu Santo para guiarlos, enseñarles y consolarlos. Jesús quería que sus discípulos estuvieran conscientes de que vendrían persecuciones sobre ellos (Juan 16:1-6), el odio que el mundo sintió contra Él lo sentiría contra ellos (Juan 15:18) y lo harían en el nombre de Dios.

III. Jesús rogó por sus discípulos

A. Peticiones especiales

La verdad central en esta sección es la santificación de sus discípulos (Juan 17:9-19). Jesús se concentró en orar específicamente por ellos diciendo "Yo ruego por ellos", somos valiosos para Dios, somos su pueblo, su propiedad (v.9). Jesús pidió que sean guardados del mal y por la unidad entre ellos (v.11). Otra sería la realidad en la iglesia si fomentáramos la unidad de corazón y espíritu.

B. Equipándose de recursos para servir

Para hacer un servicio, además de la voluntad necesitamos agenciarnos de recursos que nos faciliten el servicio (Juan 13:4-5). Miremos a nuestro alrededor los recursos que tenemos y comencemos a servir hoy.

IV. Alguien especial

A. Jesús nos conoce

Jesús por ser nuestro creador nos conoce como conocía a Pedro, en Juan 21:15 dice que comieron juntos lo que indica que tenían una relación estrecha, y sostenían una charla. Jesús conoció a Pedro, conoció sus debilidades pero también sus cualidades y aptitudes. Hoy también Jesús, nos conoce como ovejas suyas y nos llama por nuestro nombre y nos pastorea (Salmo 95:7; Juan 10:3).

B. Jesús es nuestro pastor

Jesús vino a lo suyos (Juan 1:11-12), a rescatar las ovejas descarriadas del pueblo de Israel y a pastorearlas, sin embargo, "los suyos", (el pueblo judío) no lo recibieron. Aunque muchos de los judíos sí le recibieron, y los llamó sus ovejas, en Juan 10:16 habla del redil de los gentiles como otro redil suyo. Igualmente Él cumplió su misión con los que sí estuvieron y están dispuestos a recibirle.

Jesús en el Evangelio de Juan

Hoja de actividad

Versículo para memorizar: "En el principio era el Verbo, y el Verbo era con Dios, y el Verbo era Dios" Juan 1:1.

I. Características del Evangelio de Juan

¿Cómo podemos interpretar a Juan 20:30-31? ______________________________

____

____

¿Qué quiso dejar como enseñanza al incluir Juan 3 en el Evangelio? ______________________________

____

____

¿Qué enseñanza importante encontramos en Juan 5:19-24? ______________________________

____

____

II. Vidas transformadas

¿Qué lección nos deja 4:43-54? ______________________________

____

____

¿Qué significa para usted la promesa de Juan 11:40? ______________________________

____

____

III. Jesús rogó por sus discípulos

¿Cuál es la verdad central de Juan 17:9-19? ______________________________

____

____

IV. Un personaje muy particular: Pedro

Jesús conocía a Pedro muy bien, ¿qué dicen Salmo 95:7 y Juan 10:3 respecto a éste tema? ______________________________

____

____

Conclusión:

Jesús vino como Dios y como hombre y cada una de sus vivencias dejaron una enseñanza práctica para sus discípulos de todos los tiempos.

La vida íntegra de Job

Efraín Ungría (España)

I. Job cuidaba su relación con Dios

A. Cultivamos la relación con Dios leyendo su Palabra

Mientras Jesús estaba en el desierto y era tentado nos recordó una verdad importante que es fundamental para una vida integra y victoriosa: "No sólo de pan vivirá el hombre, sino de toda palabra que sale de la boca de Dios", (Mateo 4:4; Lucas 4:4). Y esto no era ninguna novedad sino que Jesús estaba haciendo referencia al libro de Deuteronomio (8:3). Un hombre como Job pudo estar firma ante la adversidad porque la Palabra de Dios moraba en su vida, él conocía a Dios. Leer, estudiar y meditar la Palabra de Dios es tan fundamental para nosotros como la comida, el agua o el aire que respiramos.

B. Cultivamos la relación con Dios por medio de la oración

Pero no sólo necesitamos oír a Dios a través de su Palabra, también necesitamos hablarle y comunicarnos con Él. Por ello también tenemos que tener diariamente tiempos de oración. Ya no necesitamos como en tiempos de Job holocaustos en el altar. Jesús fue nuestra ofrenda y eso nos da libre acceso al Padre. Por ello podemos entrar confiadamente al trono de la gracia y descargar toda nuestra ansiedad sobre aquél que está dispuesto a llevar nuestras cargas (Hebreos 4:16).

C. Cultivamos la relación con Dios dándole el lugar correcto en nuestro corazón

Pero no se trata de simplemente un ejercicio de comunicación donde yo escucho a Dios por medio de su Palabra y le hablo por medio de la oración. Sino que Dios debe ocupar el primer lugar en nuestras vidas. Dios dice de Job que era temeroso de Dios. Esto denota que sabía qué lugar ocupaba él y qué lugar debía ocupar su Creador en su vida.

II. Job cuidaba su relación consigo mismo

A. Apartado del mal

Job 1:1-2:9 nos narra el inicio de la historia de Job. Muchas veces nos preguntamos dónde está la línea que separa lo bueno de lo malo, e incluso nos quejamos de que esa línea es demasiado delgada o en ocasiones es difusa. Sin embargo el planteamiento de Job era distinto (Job 1:1,8). Lo que importa no es dónde esta la línea, sino simplemente estar separado, estar alejado del pecado.

B. Mantenía su integridad

A pesar de todas las circunstancias que le tocó vivir a Job, en todo momento él mantuvo su integridad. Para él, su integridad no dependía de los factores externos que pudieran existir, sino que dependía de Dios. Y como Dios no cambia, tampoco lo hacía la integridad de Job (Job 1:20-22). De la misma forma nosotros debemos permanecer íntegros en todo tiempo y no dejarnos influenciar por las circunstancias que nos rodean.

C. Sabía vivir en contentamiento

Probablemente la frase más conocida de Job sea la de Job 1:21. Con estas simples pero profundas palabras podemos ver cómo Job sabía vivir en contentamiento, o en palabras del apóstol Pablo, en Filipenses 4:12-13. El contentamiento es reconocer que lo que tenemos viene de Dios y Él nos da lo que necesitamos en cada momento.

III. Job cuidaba su relación con los demás

A. Lideraba espiritualmente a su familia

Job entendía que su primera responsabilidad era para con los de su familia (Job 1:1-5). Por ello ejercía un liderazgo espiritual sobre ellos.

B. Mantenía su integridad sexual

Job llevaba su integridad hasta lo más íntimo de su ser. Su pureza sexual llegaba hasta sus propios ojos (Job 31:9). Sabía vivir respetando a su prójimo y dándole el valor que se merecía.

C. No se alegraba del mal ajeno

Job no sólo no se alegraba del mal ajeno, sino que no se alegraba ni siquiera del mal de sus enemigos (Job 31:29-30).

La vida íntegra de Job

Hoja de actividad

Versículo para memorizar: "Había en el país de Uz un hombre llamado Job. Era un hombre perfecto y recto, temeroso de Dios y apartado del mal" Job 1:1.

I. Job cuidaba su relación con Dios

¿Como debemos cultivar nuestra relación con Dios para llegar a ser perfectos como Job? (Job 1:1-5).

1. ____________________
2. ____________________
3. ____________________

II. Job cuidaba su relación consigo mismo

¿De qué maneras puedes cuidar tu vida y estar contento contigo mismo? (Job 1:1-2:9). ____________________

III. Job cuidaba su relación con los demás

Además de los tres aspectos que hemos visto en esta lección, ¿qué más puedo hacer para cuidar mi relación con mis prójimos? (Job 1:1-5; 31:1,9,29-30). ____________________

Conclusión

Una vida en integridad se basa en tener las relaciones correctas con Dios, con nosotros mismos y con nuestro prójimo. Job tenía este principio muy claro y lo practicaba diariamente. ¿Y nosotros? ¿Cultivaremos las relaciones de la misma manera que lo hacía Job?

No juzgues, si no sabes

Helen Andújar (Puerto Rico)

I. El desaliento

Al cabo de siete días de sufrimientos vemos a un Job desanimado a tal punto que maldijo el día de su nacimiento (Job 3). Debido a que Dios no revela ciertos misterios a sus hijos no se puede encontrar una respuesta al por qué sufre el justo. Es natural que ante una noticia

imprevista de una enfermedad terminal, un cristiano se sienta deprimido, triste y a veces hasta dolido. En una hermosa expresión poética Job comenzó su primer discurso (Job 3:1). Rompió el silencio para maldecir el día de su nacimiento. Es fácil entender que aquellos que están en sufrimiento y desesperación momentáneamente se olviden de las grandes bendiciones que han recibido de parte de Dios, cuando no entienden el por qué de su situación. Job deseó haber nacido muerto (Job 3:11). Sin embargo, en todo esto Job no maldijo a Dios.

II. La deslealtad de parte de su amigo

A. Elifaz juzga a Job

Elifaz juzgó a su amigo Job en vez de consolarlo. Dio por seguro que Job sufría porque estaba en pecado (4:10-11). Le acusó de no estar fortalecido, de no dar el ejemplo de soportar la prueba y de no seguir los principios que le recomendaba a otros a seguir. Le insistió que si él hubiese sido un hombre correcto e inocente de todo pecado oculto, Dios no lo hubiese abandonado. No somos llamados a juzgar sino a consolar, guiar y orar por nuestro hermanos, amigos y familiares que están pasando por aflicción.

B. Los malos son los que sufren

Elifaz le enfatizó a Job que aun los poderosos y los que tienen autoridad como los gobernantes, reyes y príncipes de la tierra son quebrantados por Dios cuando llegan a ser malvados. Le expresó que la ira de Dios es manifestada solamente contra los malvados e

impíos. Le acusó diciéndole, que si Job no fuera uno de ellos, Dios no contendería con él. Elifaz le aconsejó a Job que buscar a Dios y encomendara a Él su causa (Job 5:8).

III. La inconformidad con Dios

A. Job reprochó la actitud de su amigo

Además de estar soportando el sufrimiento físico, Job tuvo que enfrentar la falta de sensibilidad de su amigo. Con todo esto Job creyó que Dios estaba pasando juicio sobre él (Job 6:4). Sin embargo, Job no podía encontrar la causa de tantos males. Él sabía que no estaba exento de pecado, pero sí estaba convencido que no había faltado a Dios.

Le reprochó al amigo su traición (Job 6:15-23). Esperaba ser consolado y no juzgado. Job le demandó a sus amigos que probaran si él era sincero o no (Job 6:28). Pidió que le señalaran en qué erró para merecer tal castigo. Si no sabían que entonces cambiasen su manera de pensar y no mantuvieran su injusta acusación (vv.29-30).

B. Job argumentó con Dios

Luego de contestar al amigo insensible, Job se dirigió a Dios. Él pensó que tenía el derecho de expresar sus quejas ante Dios (Job 7:11). Le cuestionó hasta cuándo tendría él que soportar el sufrimiento. Job expresó su resentimiento, su frustración, cuestionó a Dios si es que él había pecado. De haber pecado le preguntó a Dios ¿por qué no perdonaba su pecado? (vv.12-21). Al final de su argumento Job sólo puede desear que Dios perdone su iniquidad, no porque admitió haber pecado, sino porque no encontró otra explicación a su sufrimiento.

Hay tres opciones a seguir ante el sufrimiento:

1. Guardar rencores y resentimientos, lo que hace que se pierda el tiempo y las energías culpando y criticando amargamente a los demás.
2. Aceptar el sufrimiento y vivir una vida de quejas y amargura a causa de nuestras cargas.
3. Vivir conforme a la voluntad de Dios creciendo espiritualmente a través del sufrimiento y las pruebas.

No juzgues, si no sabes

Hoja de actividad

Versículo para memorizar: "Bienaventurado el varón que soporta la tentación; porque cuando haya resistido la prueba, recibirá la corona de vida, que Dios ha prometido a los que le aman", Santiago 1:12.

I. El desaliento

A su parecer, ¿cuál es la causa del sufrimiento? ______________________________

____

____

¿Qué quiso expresar Job en el capítulo 3:1-4? ______________________________

____

____

II. La deslealtad de parte de su amigo

¿Cómo considera la actitud de Elifaz? (Job 4 y 5) ______________________________

____

____

¿Debemos juzgar a nuestros amigos? ¿Por qué lo hacemos? ______________________________

____

____

¿Quiénes sufren, los malos o los buenos? ¿Por qué? ______________________________

____

____

III. La inconformidad con Dios

¿Cómo considera Job la actitud de sus amigos? (Job 6) ______________________________

____

¿Puede el cristiano cuestionar a Dios? (Job 7) ______________________________

____

¿Qué actitud debe asumir el cristiano ante el sufrimiento? ______________________________

____

Conclusión

Todos pasaremos en algún momento por algún sufrimiento, lo que debemos pensar es ¿cómo reaccionaremos ante esa situación? Señor, ayúdanos a guardar nuestra fe para estar fuertes en los momentos de aflicción.

Esperanza en tiempo de turbación

Denis Espinoza (Nicaragua)

I. Acercándose a Dios

A. El cómo

Aunque los amigos de Job no lo consolaron realmente como era debido y de acuerdo con su necesidad, no obstante, dijeron verdades que sirven para todos los creyentes de todos los tiempos, y para toda la humanidad. Veamos a Bildad, en su primer discurso, en Job 8.

Él no fue muy amable con Job, por el contrario, fue bastante duro, pues lo recriminó. Bildad increpó a Job y lo acusó de cometer pecado, siendo ésta la causa de su sufrimiento, según él. Conforme con los criterios que se tenían en esa remota época, para Bildad, el pecado de Job, lo tenía en esa situación pero Job no quería reconocer (Job 8:6). Job era inocente, pero nos queda claro, que para acercarse a Dios, y obtener su perdón y misericordia es necesario que el pecador reconozca su pecado, lo confiese y se aparte.

B. El propósito

El acercarse a Dios tiene el propósito de que Dios nos reciba, perdone y justifique. Los hombres y mujeres quienes se acercan a Dios y confían en Él para salvación, jamás serán avergonzados. Verán los resultados de su acercamiento a Dios:

Dios vendrá en defensa de ellos (v.6).
Dios les hará justicia (v.6).
Dios los prosperará de manera integral (v.7).
Dios no los rechazará (v.20).
Pondrá risa en sus bocas y júbilo en sus labios (v.21).
Tienen esperanza en medio de la adversidad.

C. El Malvado y el profano

Los malvados y profanos son personajes de poca duración (Job 8:11-19). Se parecen al papiro y la caña que florecen mientras tienen abundancia de agua, pero cuando les falta ésta, se marchitan y mueren.

II. Confiando en la grandeza y sabiduría de Dios

A. Confiar en quien es Dios

Job confió en la justicia de Dios, pero reconoció también la pecaminosidad del hombre. Esto le hizo preguntar ¿Cómo se justificará el hombre delante de Dios?(Job 9:2). Al no tener respuesta concreta e inmediata a su incógnita, aprendió a confiar en Dios, aunque no entendía todo se lanzó a alabar el infinito poder y amor de Dios manifestado en su creación, el cielo y la tierra (Job 9:4-10).

B. Soberano y sabio

Los hijos y las hijas de Dios, al igual que Job, podemos confiar en la soberanía y sabiduría del Señor. Esto nos ayuda a entender que Él tiene el control y que nada le toma por sorpresa. Por ello no podemos discutir con el Señor, ni regatearle nada; mucho menos, tratar de indicarle cómo debe hacer las cosas. Nuestro deber es esperar pacientemente en Él, (Salmo 37:5). Job estaba claro, y nosotros también debemos estarlo, de que, "Él es sabio de corazón, y poderoso en fuerzas" (Job 9:4).

III. Reconociendo las flaquezas delante de Dios

A. Las flaquezas humanas

Flaqueza es sinónimo de debilidad, y en este contexto, de pequeñez. Es el estado inferior del hombre comparado con la grandeza del Señor (Job 7:17-18). La humanidad es frágil, débil y finita. Lo que de fuerte tiene es lo que Dios le concedió, pero por sí misma no tiene ninguna fortaleza.

B. Job Reconoció sus limitaciones

En Job 9 vemos las limitaciones de Job.
No pudo contender con Él (v.14).
No se atrevió a presentarse ante la santidad del Señor, aunque se consideraba justo a sí mismo (v.15).
Tenía noción clara de la majestad divina (v.16).
Reconoció el poder y la justicia de Dios (v.19).
No pretendió auto justificarse delante de Dios (v.20).

Sabemos que andar con el Señor y obedecerle, no nos exime de nuestra exposición al sufrimiento, a las luchas y pruebas, pero sí nos garantiza triunfo total sobre todas las adversidades que enfrentemos. El Señor nos asegura que en Él somos vencedores

(Romanos 8:37) y nuestra fe en Jesucristo nos da completa victoria, (1 Juan 5:4).

Esperanza en tiempo de turbación

Hoja de actividad

Versículo para memorizar: "Él hace cosas grandes e incomprensibles, y maravillosas, sin número" Job 9:10.

I. Acercándose a Dios

¿Dios está accesible? (Santiago 4:8). ____________________

____

____

Mencione dos maneras de acercarse a Dios:

Job 8:1-5 ____________________ Job 8:6 ____________________

Mencione resultados de acercarse a Dios. (Job 8:6,7,20 y 21).____________________

____

____

II. Confiando en la grandeza y sabiduría de Dios

¿Qué significa confiar? ____________________

____

____

Según Job 9:4, ¿cómo veía Job a Dios? ¿Qué daba esto a Job?____________________

____

III. Reconociendo las flaquezas delante de Dios

Mencione las limitaciones de Job, (Job 9:14-20) ____________________

____

____

____

Mencione algunas de sus limitaciones. ¿Qué va a hacer con ellas?____________________

____

____

Conclusión

A modo de conclusión podemos señalar que los hombres y las mujeres creyentes en Dios, podemos caminar victoriosos en esta vida, sin importar las situaciones complicadas que enturbian nuestra existencia.

El sufrimiento de los justos

Joel Castro (España)

I. El sufrimiento: Inentendible a los ojos de Job

A. ¡Ya estoy harto de mi vida!

Alguna vez gritó ¡Ya estoy harto de esta vida!, según la versión NVI, estas son las palabras exactas que quiso decir Job (10:1). Estas palabras son equivalentes a lo que dice la versión Reina Valera: "Está mi alma hastiada de mi vida." No es fácil asimilar los sufrimientos. Job como un ser humano, habiendo perdido su familia, sus bienes, y aun sufriendo enfermedades, ya no podía contenerse y añadió, por eso "doy rienda suelta a mi queja; desahogo la amargura de mi alma" (v.1 NVI). La amargura de Job le llevó a soltar sus penas, sus angustias, con el fin de encontrar desahogo. Job escuchó a su amigo Bildad hablando acerca de la justicia de Dios (Job 8) y luego al reconocer la soberanía de Dios (Job 9) se encontró en una profunda confusión por el sufrimiento que llevaba. Lo dicho en el capítulo 10 por Job no es más que producto del sufrimiento que llevaba encima; él era consciente de la soberanía de Dios, pero a la vez su extrema situación le llevó a pensar carnalmente (Romanos 7:18).

B. ¡Qué es lo que tienes contra mí!

Aquí prosigue con su queja, una vez más la versión NVI nos ayuda a ver mejor esta segunda frase: "Dime qué es lo que tienes contra mí" (Job 10:2). Job buscaba una respuesta a su confusión; esto les pasa a todos los humanos, quienes desean encontrar las respuestas en el acto, ante cualquier adversidad.

A veces los sufrimientos nos hacen pensar como Job, que Dios está contra nosotros y hasta especulamos (v.3). Sin embargo, Job se reconvino planteando su confusión

con preguntas acerca de la deidad de Dios. Vio la omnisciencia de Dios, porque Él lo conoce todo (v.4). La eternidad de Dios que no tiene límites de años ni de tiempo (v.5-7).

El hombre necesita el paso del tiempo para saber las razones de sus sufrimientos, pero Dios lo sabe todo en el mismo presente y su fin es bendecirnos para el futuro.

II. El sufrimiento: Somos barro en las manos de Dios

En las palabras de Job (10:8-12) podemos ver la memoria que debemos tener de cómo fuimos creados, lo mismo que hizo el salmista David en el Salmo 139.

Tus manos me hicieron (v.8).
Como a barro me diste forma (v.9).
Me vestiste de piel y carne (v.11).
Me tejiste con huesos y nervios (v.11).
Vida y misericordia me concediste (v.12).

Aunque Job añadió también en cada versículo su contraste pensando en un Dios que no estaba procediendo bien con él (vv.8-15); lo cierto es que somos una maravillosa creación de Dios, y no debe haber duda que Él quiere lo mejor para nosotros.

Y no importa cómo esté nuestra situación, Él tiene poder para hacer maravillas y muchos renuevos (vv.16-17).

III. El sufrimiento: Revela nuestro carácter

Job llegó a plantearse que mejor no hubiese existido. Su queja era que mejor no hubiese nacido, o por lo mucho hubiera sido un abortivo (vv.18-19). El sufrimiento nos hace incapaces de comprender la obra de Dios en nuestras vidas y como dicen estos últimos versículos sólo hay mente para pensar en lo último que nos queda, la muerte. Los sufrimientos son parte de la enseñanza experimental que Dios nos dejó. Aprovechemos ahora que estamos en vida a edificarnos en medio de las tribulaciones y no pensemos

que la muerte es la mejor solución para acabar con los sufrimientos. La paciencia fue el aliado de Job, sólo así pudo entender sus sufrimientos, Job 42:3.

El sufrimiento de los justos

Hoja de actividad

Versículo para memorizar: "Vida y misericordia me concediste, y tu cuidado guardó mi espíritu" Job 10:12.

I. El sufrimiento: Inentendible a los ojos de job

¿Cuáles son las dos frases que Job exclamó en medio de su sufrimiento?

A. ______________________________ (v.1)

B. ______________________________ (v.2)

¿Qué entiendes por lo que dice en Job 10:3? ______________________________

____

¿Cuáles son los atributos de Dios que Job exalta en los versículos 4 al 7? ______________________________

____

II. El sufrimiento: Somos barro en las manos de Dios

Recuerde una promesa bíblica del Señor y anótelo: ______________________________

____

____

¿Cómo expresó Job la forma en que fuimos creados?

(v.8) ______________________________

(v.9) ______________________________

(v.11a) ______________________________

(v.11b) ______________________________

(v.12) ______________________________

¿Por qué cree que Dios permite que experimentemos sufrimiento? ______________________________

____

III. El sufrimiento: Revela nuestro carácter

¿Qué nos enseña el apóstol Pablo en 2 Corintios 1:10-11? ______________________________

____

¿Qué le enseñanza le dejó esta lección? ______________________________

____

Conclusión

Si alguien se siente identificado con el Job del capítulo 10, debemos animarlo a descansar en las promesas del Señor porque después de todo vendrá la victoria.

¿De dónde proviene la maldad?

Loysbel Pérez (Cuba)

I. Criterio de los amigos

A. Criterio de Zofar

Para Zofar, Job merecía aún más castigo de parte de Dios que el que estaba pasando (Job 11:6b). Veía en Job una persona sobre la cual debía caer el castigo de Dios debido a su pecado. El pecado de Job lo conllevaba al estado por el cual estaba pasando. Sin embargo Zofar dio un remedio para Job: Arrepentimiento, a fin de poner freno al mal que estaba aconteciendo sobre él (Job 11:14).

B. Criterio de Elifaz

Era imposible para Elifaz creer que el mal podía ser enviado por Dios a un hombre justo. Por supuesto que Job no era ese tipo de hombre según él creía, porque no le ponía freno a sus labios y se volvía furioso con Dios (Job 15:13). El ser un hombre violento provocaba el mal que acontecía sobre Job según Elifaz (Job 15:25-30). Elifaz tenía dos criterios acerca del origen del mal en Job: Dios castiga la maldad del hombre con mal para su vida, Job 15:25-30 y el hombre es causante de su propio mal, Job 15:25-28.

C. Criterio de Bildad

Bildad tuvo la misma opinión que sus antecesores sobre el mal que acontecía sobre la vida de Job, no se debía más allá que a su propio pecado y a la condición que el hombre tiene ante Dios (Job 18:1-4). Pero Bildad enfatizó más en las consecuencias de la impiedad que en el origen del mal de Job. El versículo 21es clave para entender todo el discurso de Bildad. Todo lo que presenta en los versículos del 5-20, es una clara descripción del mal que estaba aconteciendo sobre la vida de Job.

D. Conclusión de criterios

No deja de ser verídico, lo dicho por cada uno de los amigos de Job, dando un lugar central a las consecuencias que tiene el pecado, a la majestuosidad de Dios y al poder de Dios sobre los seres humanos. La única equivocación que tuvieron fue referirse especialmente a Job. Los amigos de Job estuvieron errados en cuanto a sus señalamientos referentes a Job, pero, es especialmente este caso, un ejemplo que sirve para demostrar, que el mal acontece también sobre aquellos que son íntegros ante Dios.

II. Criterio de Job

Aún cuando los criterios de los amigos de Job eran sustentados con base, él mismo sabía que ese no era el motivo de su mal. Job presentó respuesta a cada una de las conclusiones de sus amigos acerca de lo que él creía sobre el mal que acontecía en su vida (Job 12;13;14;16;17;19;21).

Al justo y perfecto también le acontece el mal. Este es un criterio muy avanzado para la época de Job, pero él lo estaba experimentando en su propia vida, estaba convencido de su integridad ante Dios, Job 12:4b.

III. Concepciones actuales sobre el origen del mal

A. El pecado tiene consecuencias

Son indudables las consecuencias que tuvo el pecado de nuestros primeros padres (Adán y Eva, Génesis 3), y cómo este pecado trajo consecuencias personales y universales. Desde ese mismo instante, el pecado trajo consecuencias nefastas para el transgresor (Romanos 6:23), el que practica el pecado acarrea para sí consecuencias divinas (Deuteronomio 27-30) .

B. El mal y sus consecuencias

Existe un mal natural que fue provocado desde la caída (Génesis 3) y afecta a cada persona, es todo lo que acontece en la naturaleza y que nos afecta, (Hechos 27) (terremotos, huracanes, sismos, epidemias, tornados, etc.). El caso de Job sólo es uno de los tantos que existió y existirán en el mundo, referente al propósito de Dios con ciertos hombres y mujeres que Él llama (Elías, Jeremías, Daniel, Juan el Bautista, Pablo).

¿De dónde proviene la maldad?

Hoja de actividad

Versículo para memorizar: "Yo sé que mi Redentor vive, y al fin se levantará sobre el polvo" Job 19:25.

I. Criterio de los amigos

Para Zofar, ¿que merecía Job? (Job 11:6b). ______________________________

____

Mencione los dos criterios del origen del mal que mencionó Elifaz (Job 15:25-30). ¿Qué piensa de esas afirmaciones? ______________________________

____

Bildad enfatiza más en las ______________ que en el origen del _______ de Job, (Job 18).

II. Criterio de Job

Encuentre los criterios de Job sobre el mal que le sucedía.

A. Job 12:4b______________________________

____

B. Job 12:13-25.______________________________

____

C. Job 13:15. ______________________________

____

D. Job 13:23-28. ______________________________

____

E. Job 14. ______________________________

____

III. Concepciones actuales sobre el origen del mal

¿Piensa que el mal puede ser resultado de algún propósito divino? ______________

¿Cree que nuestro concepto de mal puede ser muy diferente al concepto de Dios en un momento especial? ____

¿Cómo entendemos Romanos 8:28 a la luz de las preguntas anteriores? ______________

____

Conclusión

El mal es algo que está ligado a nuestra vida, su aparición en un momento determinado puede ocasionarnos inestabilidad emocional o espiritual, pero nuestra gran confianza es que Dios controla y conoce nuestra vida y todo usa para bien. Recordemos que el pecado tiene consecuencias malas, pero no necesariamente el mal aparece por existencia de pecado. Miremos el mal como Dios lo mira y bajo sus criterios y actuemos adecuadamente.

Quejas y proclamación de Job

Lección 45

Eduardo Velázquez (Argentina)

I. Cuando sentimos que Dios nos ignora

A. Job desea comparecer ante Dios

En esta sección Job siente un profundo deseo de comparecer ante Dios en juicio. Si pudiera llegar a su presencia, le expondría todos sus argumentos en su propia defensa y escucharía tranquilamente todo lo que Dios tuviera que decir. Estaba seguro de que el resultado final sería una sentencia justa y compasiva que lo absolvería de toda culpabilidad (Job 23:3-7).

Pero su anhelo se convirtió en frustración. Buscó sin hallar a Dios en ninguna parte (23:8-9). En vez de salir a recibirle, Dios se ocultó. Job argumentó haber permanecido fiel a Dios y guardado su camino (23:10-12). Es una reacción natural de las personas, sin embargo esto sólo refleja cuan imperfecto es nuestro conocimiento de Dios y cuán profunda es su sabiduría.

B. Job se desalentó por la pasividad de Dios

El desaliento del anciano parece aumentar al contemplar otra cara de la arbitraria moral con que el mundo, al parecer, es gobernado. Ahora no se fija en los malos que gozan, sino en los pobres que sufren y no a causa de sus pecados, sino como consecuencia de la perversidad de aquéllos. No podría pintar un cuadro más indignante de opresión que el que hallamos en este capítulo (24:2-12). Ante el fraude, el robo descarado y los más viles atropellos, los pobres, indefensos, tienen que someterse y arrastrar una vida miserable, víctimas del hambre, la desnudez y la intemperie. La calamidad viene cruelmente sobre ellos. Para Job, más que de un grave problema social, se trata de un gran problema religioso. Por mucho que pudiera indignarle el hecho en sí de la injusticia, lo que más le inquietaba era la pasividad de Dios, su actitud permisiva ante el triunfo de la maldad y la tiranía.

II. Cuando sentimos que quienes nos escuchan, no nos comprenden

La esperanza de Job (23:3-7) era pura ilusión y no podría justificarse en presencia del Todopoderoso. Nada se puede objetar a esta defensa de la magnificencia divina. Job, obsesionado por su inocencia, se había sobrepasado en sus cargos contra Dios. ¿Por qué no admitir la realidad del misterio de la sabiduría divina? ¿Por qué no reconocer que la solución al problema de Job escapaba a las respuestas de una reflexión tan inflexible como incompleta y desequilibrada? Si algo importante aprendemos del debate entre Job y sus amigos es la necesidad de equilibrio en nuestras convicciones y creencias y el deber de nutrirlas con la totalidad del "consejo de Dios".

III. Dios está en control

A. Job expresó su insatisfacción

Nada tenía que objetar Job a la grandeza de Dios expresada por Bildad. Antes Job la había reconocido plenamente (Job 9:4-10; 12:13-25). Mas ¿qué luz arrojaba esa reflexión sobre el enigma que le preocupaba? Las palabras de Bildad eran aceptables, pero inútiles; propias de un teólogo mediocre, pero no de un pastor.

Con sarcasmo no disimulado replicó Job a su amigo (26:1-4). Su reproche es toda una lección sobre el cuidado de almas que están heridas. La misión pastoral de la iglesia al afligido por la desgracia, el abatimiento, la desorientación es sostener, socorrer, aconsejar con un sentimiento de auténtica simpatía y empatía. En la pregunta irónica de Job (26:4) hay un reto a examinar los móviles que nos animan cuando tratamos de ministrar espiritualmente a otros. ¿A quién dirigimos nuestras palabras, al corazón herido del atribulado o a nuestros propios oídos? ¿Qué anhelamos más ardientemente, su bien o nuestra complacencia, su salvación o nuestra gloria?

Quejas y proclamación de Job

Lección 45

Hoja de actividad

Versículo para memorizar: "El, pues, acabará lo que ha determinado de mí; Y muchas cosas como estas hay en él" Job 23:14.

I. Cuando sentimos que Dios nos ignora

¿Cuál fue el argumento de Job en su defensa? (Job23:10-12). ______________________________

____

____

Según leemos en Job 24:2-12 ¿cómo se sentía Job?______________________________

____

____

Reflexione sobre cómo se siente cuando está en dificultades y tiene la sensación que Dios no está con usted y busque 3 citas bíblicas que le ayudarán a confiar en Dios en esos momentos ______________

____

____

II. Cuando sentimos que quienes nos escuchan, no nos comprenden

¿Cuál era la esperanza de Job? (Job 23:3-7). ______________________________

____

____

Escriba una posible respuesta a una persona que piensa que Dios es injusto al dejar que los inocentes sufran.

____

____

III. Dios está en control

¿Cómo reaccionó Job a lo hablado por Bildad en Job 25:1-6? ______________________________

____

Dé tres respuestas a la siguiente consigna: Dios está en control sobre mi vida porque:

1. ____
2. ____
3. ____

Conclusión

Los creyentes debemos admitir que no tenemos todas las respuestas a la realidad de este mundo, pero que tenemos la gracia de Dios para mitigar en nuestro entorno la necesidad de las personas. Los creyentes sabemos que finalmente la justicia del Señor se manifestará para dar a cada uno conforme a sus obras.

Sabiduría en medio del sufrimiento

Oscar Pérez (República Dominicana)

I. La maldad un obstáculo para obtener la sabiduría

A. Declaración de integridad de Job

Es admirable la actitud que asumió Job en medio de su sufrimiento (Job 27:2-6). Expuso a sus amigos y a sus lectores, la firme convicción de integridad. Declaró que cuidaría sus labios, su boca, su justicia, su corazón. Su integridad debió abarcar la integralidad de su ser. Esta actitud de Job es aleccionadora en grado sumo a quienes se sienten débiles y cansados por el sufrimiento y pruebas. En la relación con Dios, la integridad es una conducta que ennoblece al sufriente y lo hace crecer como ser humano y como hijo de Dios.

B. Maldad, ausencia de sabiduría y consecuencias

La maldad consiste en desmerecer la gracia de Dios a favor del ser humano, lo cual conlleva a una serie de comportamientos contrarios a la voluntad de Dios, del prójimo y de sí mismo. En esas condiciones, la sabiduría está muy lejos de revertir la realidad de vida del malvado (vv.7-23). En Job 27:13-23 revelan las consecuencias dramáticas de la maldad encarnada, los hijos morirán, las riquezas se perderán, la ira de Dios impedirá el perdón. La maldad llegará a sus extremos, por lo tanto, ya no habrá posibilidades de recuperación.

II. Búsqueda de la sabiduría

En Job 28:1-28 leemos que Job dejó a un lado el dolor y su aflicción y se puso a reflexionar y a hablar sobre diferentes temas: se refirió a la riqueza de este mundo que se busca con mucho afán, se acumula y aun con riesgo se adquiere y conserva (vv.1-11), después continuó refiriéndose al precio y valor incalculable de la verdadera sabiduría cuyo precio no se puede calcular (vv.12,13,15-19). Ésta se encuentra en un lugar secreto (vv.14,20,22).

Job se refirió también a que hay una sabiduría que está escondida en Dios (vv.23-27), y existe otra sabiduría que es revelada a los hijos de los hombres y radica en el temor a Él, (v.28).

Existe en el ser humano desde los albores de la historia, el deseo de la riqueza y si es de metales preciosos, mejor y hace todo lo posible para llegar hasta las entrañas de la tierra con el propósito de conseguir lo anhelado (Job 28:1-11). Lo recóndito de la naturaleza alberga riqueza que el hombre descubre y se apodera con el fin de presumir. Y el esfuerzo que aplica para tal fin es intenso, arriesgado y persistente; sin embargo, la riqueza es sólo eso, riqueza; y por mejor que sea, no tiene comparación con la sabiduría, ésta la supera y en grandes proporciones.

III. Consideraciones oportunas

La vida es un proceso de constante crecimiento, Job es la ilustración pertinente desde que se inicia el relato de su vida hasta que concluye (Job 1:1-2; 42:5-6). El ser humano debe obedecer los designios de Dios (Job 42:1-6), sin embargo, por ignorancia o por rebeldía, desobedece y se involucra en acciones contrarias a Dios, incurre en pecado, en maldad, y se aleja de su Creador; en estas condiciones, es difícil ejercitar la sabiduría.

Los israelitas en el desierto y en el tiempo de la conquista (muchos años después) vivieron el sufrimiento como resultado de la desobediencia a Dios, (Salmo 78:5-8). Sin embargo, la gracia divina fue, es y será suficiente si el pecador decide por el arrepentimiento (Hechos 5:31; 19:4; 20:21). El patriarca Job fue muy acertado al enseñarnos que es posible vivir en integridad en medio de las pruebas y el sufrimiento. Nos enseñó también, que la maldad es un obstáculo determinante que impide aplicar la sabiduría a nuestra vida. También fue claro al diferenciar que los metales por preciosos y caros que sean, no tienen el valor de la sabiduría.

Sabiduría en medio del sufrimiento

Hoja de actividad

Versículo para memorizar: "He aquí el temor del Señor es la sabiduría, y el apartarse del mal, la inteligencia" Job 28:28.

I. La maldad un obstáculo para obtener la sabiduría

Escriba usted una declaración personal de integridad para hacerle frente a la maldad en todas sus formas, (Job 27:2-6). (Que un alumno comparta con la clase su declaratoria):____________________________

Escriba por lo menos tres consecuencias de la maldad, diferentes a las que aparecen en la lección, (Job 27:7-23). (Que un alumno las comparta con la clase): ____________________________

II. Búsqueda de la sabiduría

Además de los metales preciosos, ¿qué otros tipos de riqueza ambiciona el ser humano? (Job 28: 1-11). ___

¿Cuál es la verdadera fuente escrita de sabiduría divina? ¿Por qué? (Job 28:12-28). ________________

Sabiduría divina y sabiduría revelada. ¿Cuál es la diferencia entre ambas?____________________

III. Consideraciones oportunas

¿Es posible practicar la sabiduría en medio de las pruebas y sufrimiento?____________________

Conclusión

El tema crucial es la aplicación de la sabiduría en medio del sufrimiento, el testimonio de Job es elocuente, es posible inquirir y practicar la sabiduría divina relacionada con la piedad. Concluímos diciendo: "He aquí el temor del Señor es la sabiduría, y el apartarse del mal, la inteligencia" Job 28:28.

Job afirma su integridad

Leticia Cano (Guatemala)

I. Íntegro en lo moral

La ausencia de integridad manifiesta el dominio del pecado en la vida del individuo y la falta de sumisión a los estándares de conducta establecidos por Dios. No consiste sólo en la omisión de acciones reñidas con la ley, sino también en actitudes tales como la vanidad, la lascivia, mentir, chismear, ser impuntual, vender el peso incompleto, ver información ofensiva a solas, ser irresponsable, no pagar las deudas, murmurar, difamar, etc.; la lista es interminable dentro y fuera de la iglesia. A través de la vida de Job, la Biblia enseña que a pesar de la corrupción que impera en el mundo, es posible para un hombre de Dios permanecer en integridad. El antiguo patriarca, habiendo sido un hombre próspero (Job 1:1-5), enfrentó circunstancias atroces en su estabilidad económica, familiar y hasta en la salud (Job 1:6-22). Fue probado en medio de situaciones extremas. La grandeza de la integridad radica en permanecer fieles, rectos e intachables aún en la intimidad de nuestra mente, donde nadie tiene acceso sino sólo Dios (31:4-6). En la vida de Job encontramos inspiración para actuar con rectitud en todo momento.

La integridad no consiste únicamente en mantener una buena imagen. La pureza interior es indispensable para ser intachable ante el Señor. A veces las circunstancias no permiten consumar los actos pecaminosos, pero al darles albergue en la mente y el corazón se constituyen en pecado. Muchos no confesarán su codicia, envidia o pensamientos impuros, pero no existe nada que Dios no sepa, (Job 42:2).

II. Íntegro en la relación con el prójimo

A. Justo para con los que están en posición de desventaja

Hay personas que aún habiendo padecido necesidades, cuando llegan a ser favorecidos con mejores circunstancias se olvidan del prójimo que necesita ayuda, además se convierten en personas desconfiadas y explotadoras. Pero Job aseguró con solvencia ante Dios y ante sus amigos que no fue injusto ante las peticiones de sus siervos y de haberlo sido sabía que no tendría ninguna excusa al ser juzgado por Dios (Job 31:13-15).

B. Compasión para con los desposeídos

Las personas pobres son vulnerables al abuso de los poderosos. La miseria de muchos pueblos se debe a que unos pocos viven de la pobreza de muchos. Job como un hombre justo, consideró los derechos de sus siervos (Job 31:13), no agravió a los pobres, no abusó de la viuda, compartió alimento con el huérfano y la ropa con el desprovisto (vv. 16-21). Job afirmó que si había estorbado la alegría de los pobres o había acabado con la esperanza de la viuda o si había dejado de compartir el alimento con el huérfano, preferiría sufrir el juicio en su propia carne, antes que enfrentarse con el Omnipotente, (Salmo 68:5).

III. Íntegro en la confianza en Dios

A. La confianza en el dinero

Muchas personas en momentos de necesidad acuden al Señor buscando ayuda, pero al prosperar abandonan la iglesia por atender sus negocios o para recrearse y no están dispuestos a contribuir para las necesidades ajenas. El dinero es pasajero, hoy podemos tenerlo pero mañana podría ser sólo un recuerdo. Necesitamos depositar nuestra confianza únicamente en Dios quien nos brinda su generosa mano de bendición, (Job 31:24-25).

B. La confianza en sí mismo

Aunque Job fue próspero en sus negocios y en sus relaciones cotidianas no confió en sí mismo y lo afirmó delante de Dios (31:25-28).

C. La confianza en falsas deidades

Otro peligro es adjudicar la bendición a entidades ajenas a Dios (Job 31:26,27, NTV).

Al igual que Job necesitamos llevar con humildad los éxitos logrados ante el altar del Señor.

Job afirma su integridad

Hoja de actividad

Versículo para memorizar: "¿No ve él mis caminos, y cuenta todos mis pasos?" Job 31:4.

I. Íntegro en lo moral

¿Cuáles son algunos de los aspectos morales en los que se manifestó la integridad de Job? (Job 1:1,5,7).____

____

____

¿Cuáles son los aspectos morales en los que se manifiesta nuestra integridad o la ausencia de ella? ________

____

____

II. Íntegro en la relación con el prójimo

¿De qué manera se puede manifestar la integridad en la relación con el prójimo? (Job 31:13-21). ________

____

____

III. Íntegro en la confianza en Dios

¿Cuáles son algunas tentaciones que vienen a nuestra mente cuando somos favorecidos por la prosperidad?

____

____

¿Cuáles son algunas de las circunstancias que nos pueden hacer caer? (Job 31:24-28). ________________

____

____

¿De qué forma podemos llegar a ser íntegros? ______________________________

____

____

Conclusión

La integridad se debe mantener en la intimidad de nuestro corazón, en las relaciones interpersonales, y en nuestra relación diaria con Dios. La integridad, la rectitud, la santidad no pueden faltar en nuestra vida.

Acusación de Eliú a Job

Eduardo Velázquez (Argentina)

I. Eliú creyó tener razones para cuestionar a Job

A. La reacción de Eliú

Cuando los ancianos estaban disputando, un joven se levantó como moderador; estaba molesto por el acalorado debate que ellos llevaron a cabo (Job 32:1-5). La razón por la que estaban ahora callados los amigos de Job se explica en el versículo 1. Los motivos por las que Eliú intervino fueron porque estaba enojado y pensó que tenía razón para estarlo. Estaba enojado con Job porque pensaba que no había hablado de Dios con la debida reverencia; esto era cierto (32:2). Eliú no condenó a Job, sino que pretendió haber hallado razones que los tres amigos de Job no hallaron para responderle; por eso, se encendió su ira también contra ellos, porque no hallaban qué responder, aunque habían condenado a Job (v.3).

B. Características de Eliú

Eliú apareció luego como hombre de gran modestia y humildad (Job 32:6-14). Tenía temor de ser inoportuno o cometer alguna equivocación (v.6). ¡Cuánto nos conviene ser "prontos para oír, tardos para hablar" (Santiago 1:19), en especial cuando nuestra opinión es contraria a la de aquellos que, por su edad, experiencia y piedad, merecen nuestro respeto y reconocimiento (v.7). Eliú prestó atención pacientemente a los tres amigos de Job, incluso cuando aparecían desconcertados en buscar palabras (vv.11-12).

C. La intervención de Eliú

Eliú alegó tres razones como excusa para intervenir en este debate: La escena quedó sin actores, por lo que él aprovechó la oportunidad de intervenir (32:15-16); él se sintió obligado a hablar (32:18-20); resolvió hablar sinceramente, lo que pensaba y era justo y verdadero, no lo que fuese halagador para cualquiera de las partes (32:21-22).

II. Eliú se sintió justo

En este capítulo Eliú pidió a Job que aceptara de buenas ganas lo que iba a decir (Job 33:1-7). Trató de hacerle ver que, en el calor de la disputa, pronunció palabras que daban a entender que Dios no lo trataba como se merecía (Job 33:8-13) y finalmente deseó convencerlo de la necedad con que se portó en esto (Job 33:14-28).

A. La estrategia de Eliú para convencer a Job

Eliú no siguió con Job la misma táctica que sus amigos. A su vez, estaba dispuesto a escuchar lo que Job le respondería (33:5). Puesto que Job había deseado que alguien se presentase como árbitro imparcial, Eliú le dijo (33:6) que no podría presentarse ante él como Dios, porque, él también fue formado de barro.

B. Job se declaró inocente y Eliú reaccionó

Job se había declarado inocente a sí mismo (v.9 y Job 16:17) y Eliú se esforzó por convencerle de que habló impropiamente al expresarse así y que debía humillarse ante Dios (v.12). Dios no tiene por qué darnos cuenta de ninguna de sus acciones (33:13) .

C. Eliú argumentó sobre la disciplina de Dios

Eliú argumentó que Dios habla de diferentes formas para convencer y atraer a los pecadores y lo hace por medio de circunstancias diferentes.

III. El juicio según Jesús

A. Jesús y la mujer hallada en adulterio

En la historia de la mujer adúltera en Juan 8:1-11 Jesús hizo una declaración significativa en lo que respecta a juzgar a otros. Jesús ratificó el castigo aplicable al adulterio, (v.7) por lo que no era posible acusarlo de estar en contra de la Ley. Pero al decir que sólo quien estuviese libre de pecado podía arrojar la primera piedra, destacó la importancia de la compasión y el perdón. Jesús no condenó a la mujer acusada de adulterio, pero tampoco pasó por alto su pecado.

B. Jesús, el que juzga justamente

Él mismo confirmó su derecho a juzgar. Su venida al mundo no fue primariamente para juzgar, sino para amar.

Acusación de Eliú a Job

Hoja de actividad

Versículo para memorizar: "Así que, ya no nos juzguemos más los unos a los otros, sino más bien decidid no poner tropiezo u ocasión de caer al hermano" Romanos 14:13.

I. Eliú creyó tener razones para cuestionar a Job

¿Qué significa mantener imparcialidad y objetividad al opinar acerca de un hecho o una persona? ________

____

____

¿Será justo juzgar a alguien sin darle la oportunidad de presentar su posición para defenderse y dar credibilidad a sus palabras? ____

____

¿Qué opina de la participación de Eliú? (Job 32). ____

____

II. Eliú se sintió justo

Mencione tres características que debe tener un consejero espiritual al tratar con una persona en situación de crisis y explíquelas brevemente.

1. ____
2. ____
3. ____

¿Cómo se presentó Eliú? (Job 33:5-10). ____

____

¿De qué trató de convencer Eliú a Job en Job 33:14-28?____

____

III. El juicio según Jesús

¿Qué enseña Juan 8:1-20 sobre el juicio a los demás?____

____

¿Qué deseaba enseñar Pablo en Romanos 14:13? ____

____

Conclusión

Recordemos siempre que los únicos juicios verdaderos y justos son los del Señor y que, nosotros siempre tendremos una visión parcial de los hechos, circunstancias y personas. Por último, si lo que está en juicio nos afecta personalmente, aprendamos a perdonar. El perdón es una de las expresiones más alta del amor.

Los íntegros también sufren

Loysbel Pérez (Cuba)

I. La voluntad de Dios

A. El propósito de Dios

Atravesar el valle de sombras de muerte, forma parte de lo hermoso que Dios está formando en nuestra vida. Job miraba su fidelidad en vano, sin embargo Eliú miraba la fidelidad de Job como cumplimiento de lo que Dios había establecido (Job 35:3-4). Dentro de la preparación que Dios hace con sus hijos está el sufrimiento, experimentarlo forma parte de la presencia de Dios sobre nuestra vida, pero en medio de él, dejemos que el propósito de Dios sea cumplido en nosotros.

B. Desdicha no siempre es igual a pecado

El gran dilema que dio a luz el sufrimiento de Job fue precisamente su justicia y su integridad. A su corazón le inundó la duda del por qué estaba pasando por esta situación (Job 31), y cuestionó su propia vida ante Dios, sin embargo, Dios le miraba de otra perspectiva. La gran lucha en la vida de Job fue interna, conocer el por qué de lo que estaba pasando. Pero su desdicha, todo lo contrario a lo que alguien pudiera pensar, ilustra firmemente que los justos también sufren. El libro de Job destaca que el dolor humano, fue conformado con este propósito y enseña este gran principio bíblico, el dolor forma parte de todo ser humano después de la caída.

C. La fidelidad a Dios es superior a los sufrimientos

No hacemos un canje con Dios, yo te soy fiel y obligatoriamente la vida tiene que marchar como quiero. Le somos fieles a Él porque Él nos amó primero y le somos fieles aún en las peores circunstancias. Por otro lado nosotros no podemos modificar las situaciones (vv.5-8). Serle fiel en todo momento significa conocer a Dios. No medimos su bondad contra nuestra fidelidad, pero Pablo nos recuerda en Romanos 8:28 que "...a los que aman a Dios todas las cosas les ayudan para bien". En las páginas de la iglesia cristiana permanecen los nombres de cientos de cristianos que dieron sus vidas en el circo romano por ser fieles a Dios.

II. La grandeza de Dios es equivalente a su justicia

A. La justicia de Dios con Job

Eliú le hizo ver a Job que su sufrimiento prolongado se debía a su poca aceptación del castigo de Dios y le mostró la justicia del Creador. Eliú presentó razones (Job 36) que muestran a un Dios justo: No desestima a nadie (v.5), no otorga vida al impío (v.6), da derecho a los afligidos (v.6), pone en gran estima y prestigio a los justos (v.7), demuestra el por qué de su proceder con los impíos (vv.8-9), da oportunidad para el arrepentimiento vv.10-12, libra al pobre de su pobreza (v.15).

B. La justicia de Dios hacia el creyente

Nada se escapa del control de Dios, Él está pendiente de nuestras necesidades y problemas. Dios obra en su infinita justicia a favor nuestro. Una de las frases que se manejan muchas veces es "Señor, ¿por qué me pasa esto a mí?" Pero debemos saber que Dios es justo y todo lo que hace está bien hecho. Dios es justo en el castigo, en su misericordia, en nuestra economía, con nuestros dones, en nuestra protección y en cada problema que enfrentamos a diario (Salmo 7:11,7, 19:9, 116:5).

III. La majestad de Dios y la vida del hombre

A. Descripción de la majestad de Dios

La majestad es algo que se usa en relación a Dios (Judas 1:25). Declarar toda la majestad de Dios por parte de Eliú establece una comparación desmedida entre la persona de Dios y la integridad de Job, ligado a su desdicha.

B. Entendiendo a Dios

Los razonamientos del hombre carecen de sentido ante el Dios creador. Nuestro entendimiento de Dios es limitado (37:1-13). Esto es imposible a los ojos de Eliú pero para Job cobró sentido en este momento de su vida. La majestad de Dios está muy ligada a su soberanía, Dios hace lo que quiere y lo que hace está bien hecho.

Los íntegros también sufren

Hoja de actividad

Versículo para memorizar: "...Dios es grande, y nosotros no le conocemos, ni se puede seguir la huella de sus años" Job 36:26.

I. La voluntad de Dios

¿Cómo reaccionó Job en 35:3 y cuál fue la respuesta de Eliu de los versículos 4-8? ____________________

____

¿Alguna vez se sintió como Job o tuvo que hablar con alguien como Eliú? Comparta su respuesta. __________

____

II. La grandeza de Dios es equivalente a su justicia

¿Cuáles son las razones presentadas por Eliú que demuestran a un Dios justo en Job 36?

8. ____ .5.
9. ____ .6.
10. ____ .6.
11. ____ .7.
12. ____ vv.8-9.
13. ____ .10-12.
14. ____ .15.

III. La majestad de Dios y la vida del hombre

Diga con sus palabras el concepto de majestad ____________________________

____

¿Cómo es descrita la majestad de Dios en el capítulo 37?

8. ____ .3.
9. ____ .5.
10. ____ .5.
11. ____ .6.
12. ____ .9-11.
13. ____ .16.
14. ____ .22.

Conclusión

Tenemos un Dios grande, justo y soberano que permite que los íntegros también sufran, lo cual forma parte de su propósito divino. Nuestra fidelidad a Él destaca nuestra condición de discípulos.

Los atributos de Dios

Leticia Cano (Guatemala)

I. La omnisciencia de Dios

A. La omnisciencia de Dios en la naturaleza

Dios interrogó a Job acerca del diseño perfecto de la creación, dejando ver entre líneas que Él como autor y sustentador de todo lo que existe en el universo tiene el pleno conocimiento de todos los procesos naturales y sobrenaturales que existen en el mundo (Job 38:4). Dios preguntó a Job (38:1-4,21) acerca de aquellas cosas que hasta hoy los científicos han tratado de explicar y que la mayoría de las personas no saben, tales como las medidas de la tierra (vv.5,18) y de sus fundamentos (v.6), las barreras invisibles que detienen las aguas del mar (vv.8-11), el control de los días y las noches. Dios dejó entrever que el único que sabe cómo funciona el universo es Él mismo, (Isaías 40:26). Dios puede penetrar a las fuentes del abismo y aún escudriñar las puertas de la muerte (v.17). ¿Quién conoce mejor que Dios los tesoros de la nieve y del granizo y los secretos profundos del universo que el hombre aún no ha descubierto? Ante las interrogantes de Dios, Job se quedó sin respuesta.

B. La omnisciencia de Dios en el espacio celeste

Por su pleno conocimiento, Dios sabe de qué manera se reparte la luz y se esparce el viento. Cada galaxia está formada por incontable número de estrellas todas creadas por Dios, quien es también el que diseñó el conducto del turbión y el camino de los relámpagos (38:24-25).

C. La omnisciencia de Dios en los seres vivos

Las diferentes especies de fauna que necesitan salir en tiempos específicos en busca de alimento, Dios diseñó el cronograma y lo implantó en el instinto de cada uno (Job 39:1-4). Su omnisciencia no se refiere sólo al conocimiento ilimitado que posee sino a la sabiduría para actuar. La omnisciencia de Dios es un baluarte para los creyentes, pues podemos confiar plenamente en que así como conoce los misterios de la creación, también conoce las intimidades de nuestro corazón.

II. La soberanía de Dios

En los capítulos 39-40 de Job leemos sobre la soberanía de Dios que significa el gobierno pleno que Dios ejerce sobre todo el universo por cuanto Él lo creó. Dios dispuso los tiempos, las estaciones (39:1-2), el hábitat para cada especie animal y vegetal (39:4-6). Él dispuso justamente el modo de vida de las distintas especies, su reproducción, sus instintos (39:13-16), su comportamiento (39:19-25), etc. El Señor buscaba llevar a Job a comprender que Él tiene absoluta autoridad y control de todo lo que sucede en el mundo, y por tanto, Job no estaba desamparado. El capítulo 39, menciona diferentes especies animales a las cuáles el hombre no pudo someter a su dominio, porque Dios dispuso que fueran libres (vv.1,5,9,13). Así mismo la fuerza y vigor del caballo, animal temerario que no se intimida en medio de la batalla (vv. 19-20). El Señor ordenó que el halcón o gavilán volase hacia el sur (v.26), como todas las especies migratorias en busca de mejores condiciones de vida y reproducción

III. La omnipotencia de Dios

Dios, es todopoderoso y tiene completo poder sobre todo el universo. La Biblia, nuestro único fundamento doctrinal, afirma que Dios tiene absoluto poder. El libro de Job afirma una y otra vez la omnipotencia divina, Job 27:11; 32:8; 40:2. Dios se basta a sí mismo, es el único autosuficiente. En el capítulo 41 el Señor describió el poderío incontrolable del leviatán, con sus características de monstruo indomable, preguntándole a Job si acaso él es capaz de dominarlo. Finalmente llegamos a la comprensión de que no es sabio contender con el Omnipotente. Necesitamos asumir la actitud de humildad y dependencia del Todopoderoso, aún en las circunstancias más difíciles

Los atributos de Dios

Hoja de actividad

Versículo para memorizar: "¿Qué te responderé?, Mi mano pongo sobre mi boca" Job 40:4.

I. La omnisciencia de Dios

Explique con sus propias palabras lo que significa omnisciencia: ______________________

____

¿De qué manera se manifiesta el atributo de la omnisciencia de Dios en Job 38? ______________________

____

Mencione otras situaciones registradas en la Biblia, en las que se manifiesta la omnisciencia de Dios. ________

____

II. La soberanía de Dios

¿Qué significa que Dios es soberano? ______________________

____

¿Cómo mencionan la soberanía de Dios los siguientes pasajes?

Job 39:1-2, ______________________

Job 39:4-6, ______________________

Job 39:13-16, ______________________

Job 39:19-25, ______________________

III. La omnipotencia de Dios

Explique en qué consiste la omnipotencia de Dios: ______________________

____

Comparta: ¿Se ha sentido alguna vez desamparado, sin esperanza, como Job? ¿Cómo salió de esa situación?

____

____

Lea y comparta:

Lea los siguientes versículos y comparta cómo puede aplicar su mensaje en los problemas que enfrenta a diario: Job 12:13; Salmo 62:11; 91:1; Mateo 6:13.

Conclusión

La omnisciencia, soberanía y omnipotencia, son atributos que corresponden únicamente a Dios, que nos alientan para confiar plenamente en Él. Los atributos de Dios nos brindan seguridad y confianza en todas y cada una de las circunstancias de nuestra vida.

Lección 51

Humillación, confesión y prosperidad

Macario Balcázar (Perú)

I. Job se humilló y arrepintió

A. Yo conozco que todo lo puedes...

Job había estado hablando en base a sus propios conocimientos, y no en base a la revelación divina (42:2). Había estado usando sus propios pensamientos y con ellos oscureciendo el consejo de Dios, por falta de entendimiento. Job hizo lo que hace la mayoría de la gente, es decir, hablan de Dios en base a lo que otros les han dicho, o en base a tradiciones culturales, o de acuerdo a sus imaginaciones, pero pocas personas buscan realmente conocer a Dios basándose en lo que Dios mismo ha revelado acerca de sí.

B. Hablaba lo que no entendía...

¿Cuántas veces hemos hablado lo que no entendíamos? No sólo Job hizo eso (42:3). Job hablaba de cosas maravillosas, pero incomprensibles, que él había observado. Dios mismo le reveló cómo habían sido creadas todas ellas y él comprendió lo incomprensible de la obra de Dios. Muchos siguen con sus propias teorías en lugar de aprender las verdades de Dios reveladas en su preciosa y precisa Palabra: La Biblia.

C. De oídas te había oído...

Reconocer nuestra ignorancia y limitaciones, es de hombres y de mujeres de calidad. Pocas son las personas que pueden decir con humildad y sinceridad "me equivoqué", "estuve equivocado". Job lo hizo y en su reconocimiento hace tres cosas: Reconoció que lo que había hablado era porque otros le habían dicho, pero que no era la verdad que ahora conocía directamente de Dios (42:3) y reconoció la gracia de Dios que le permitía contemplarlo (42:5).

D. Por tanto...me arrepiento...

Habiendo observado su propia conducta y cuán ignorante había sido en sus apreciaciones acerca de la obra de Dios en el mundo y en el ser humano, dijo que se aborrecía y se arrepentía en polvo y ceniza (42:6). Esta expresión mostraba un verdadero arrepentimiento, mediante el cual se dolía de lo que hizo y decidió no hacerlo más. Cuando nos damos cuenta que erramos, no nos queda otra cosa que reconocer la grandeza de Dios y su accionar soberano que siempre actúa en nuestro bien.

II. Job oró a favor de sus amigos

Esta sección del capítulo 42 nos muestra el accionar de Dios mismo motivando a los amigos de Job a reconocer también su error para que no "quedaran en vergüenza" (v.8 TLA) y para restaurar las relaciones rotas. Dios mismo les habló a los amigos de Job y les dio instrucciones (42:7-8). Dios habló a Elifaz temanita diciéndole que su ira se había encendido contra él y sus dos compañeros porque ninguno de ellos había hablado bien de Dios, como sí lo había hecho Job. Por eso Dios les ordenó: 1. Que tomaran siete becerros y siete carneros; 2. que fueran con Job y allí en presencia de él los ofrecieran en holocausto y 3. Job oraría, para que la ira de Dios no fuera sobre ellos. Job no se negó a orar por ellos (42:9-10).

III. Job fue bendecido por Dios

A. Jehová quitó su aflicción

Dios permitió que Job pasara por dicha aflicción y Dios mismo se la quitó después que él oró por sus amigos (42:10).

B. Jehová bendijo su descendencia

En Job 42:13-17 se especifican resultados de la bendición de Dios: tuvo otros hijos e hijas (v.13), sus hijas eran las más hermosas de la tierra (vv.14-15), vivió 140 años y pudo ver a los hijos de sus hijos hasta la cuarta generación (v.16). La vida es un don de Dios y como tal queremos conservarla y que sea útil. Llegar a una edad así con conciencia y lleno de nietos, biznietos y tataranietos, con abundancia de todo, es maravilloso. Dios puede darnos esa bendición si Él así lo quiere. A nosotros nos toca obedecerle y vivir siempre agradecidos.

Lección 51

Humillación, confesión y prosperidad

Hoja de actividad

Versículo para memorizar: "Y quitó Jehová la aflicción de Job, cuando él hubo orado por sus amigos; y aumentó al doble todas las cosas que habían sido de Job" Job 42:10.

I. Job se humilló y arrepintió

¿Qué cree que motivó a Job expresar que Dios todo lo puede? (Job 42:2).

¿Conoce usted a Dios? (Job 42:5).

¿Necesita arrepentirse de algo? ¿De qué? (Job 42:6).

II. Job oró a favor de sus amigos

¿Cuáles fueron las instrucciones de Dios a los amigos de Job? (Job 42:7-8).

¿Si sus amigos le fallaran los buscaría para orar por ellos como lo hizo Job? (Job 42:9-10).

III. Job fue bendecido por Dios

Comparta con la clase alguna aflicción que haya superado (Job 42:10).

¿Cree que siempre después de la aflicción se ve la bendición de Dios? (Job 42:12).

Conclusión

Cuando somos confrontados por Dios y nos damos cuenta que anduvimos equivocados, lo mejor que podemos hacer es arrepentirnos, reconocer nuestra limitación, humillarnos ante Dios y dejarnos enseñar por Él. Dios quiere bendecirnos, de ello no hay duda, pero necesitamos seguir sus instrucciones y no ser orgullos ni presumidos, sino solidarios y desprendidos. Sólo entonces las bendiciones de toda clase llegarán a raudales.

Enseñanzas de Job

Patricia Picavea (Argentina)

I. Generalidades de Job

Job cultivaba su relación con Dios con mucho esmero y cuidado, (Job 1:1-5). Y no sólo era una apreciación de él, sino que Dios también lo reconocía (Job 1:8). Además de cuidar su relación con Dios, podemos ver que también se preocupaba de cuidarse a sí mismo (Job 1:1-2:9). A pesar de todas las circunstancias que le tocó vivir, en todo momento mantuvo su integridad. Para él, su integridad no dependía de los factores externos que pudieran existir, sino que dependía de Dios. Y como Dios no cambia, tampoco él cambiaba (Job 1:20-22). Job sabía vivir respetando a su prójimo y dándole el valor que se merecía (Job 31:9). Job no sólo no se alegraba del mal ajeno, sino que no se alegraba ni siquiera del mal de sus enemigos (Job 31:29-30).

Job se comprometió consigo mismo a no permitir que la lascivia y la lujuria penetraran en su corazón, convencido de la omnipresencia de Dios y un profundo sentido de respeto (Job 31:1-2).

La incógnita es, ¿por qué yo? Sólo Dios conoce la respuesta. Se determina que el sufrimiento no es una ilusión, ni se puede decir que es el resultado de algún pecado cometido por el que sufre. El pecado causa sufrimiento, pero no todo los sufrimientos son el resultado de un pecado. Aun así se debemos confiar en los propósitos de Dios. El sufrimiento, al igual que cualquier experiencia humana, es dirigido por la perfecta sabiduría divina.

II. Los amigos de Job y Eliú

Elifaz el gran amigo comenzó su discurso (Job 4 y 5). Al inicio dijo palabras de elogio (4:3-4) y luego comenzó con los reproches (Job 4:6-8). Bildad e n su primer discurso (Job 8), no fue muy amable con Job, por el contrario, fue bastante duro. Para Zofar Job merecía aún más castigo de parte de Dios que el que estaba sufriendo (Job 11:6b).

Parece ser que la discusión entre Job y sus amigos llegó a su fin y Eliú apareció como un moderador (Job 32:1-22).

III. Dios en el libro de Job

Eliú le hizo ver a Job que su sufrimiento prolongado se debía a su poca aceptación del castigo de Dios y le mostró la justicia del Creador.

Dios, según Job 36, es justo porque no desestima a nadie (v.5); no otorga vida al impío (v.6); da derecho a los afligidos (v.6); pone en gran estima y prestigio a los justos (v.7); demuestra el por qué de su proceder con los impíos (vv.8-9); da oportunidad para el arrepentimiento vv.10-12; libra al pobre de su pobreza (v.15). Nada se escapa del control de Dios, Él está pendiente de nuestras necesidades y problemas.

Dios interrogó a Job acerca del diseño perfecto de la creación, dejando ver entre líneas que Él como autor y sustentador de todo lo que existe en el universo tiene el pleno conocimiento de todos los procesos naturales y sobrenaturales que existen en el mundo (Job 38:4). Por otro lado el libro deja claro que la fidelidad a Dios es superior a los sufrimientos

IV. Job recibió el reconocimiento de Dios

Dios mismo les habló a los amigos de Job y les dio instrucciones (42:7-8). Dios habló a Elifaz temanita diciéndole que su ira se había encendido contra él y sus dos compañeros porque ninguno de ellos había hablado bien de Dios, como sí lo había hecho Job.

La vida es un don de Dios y como tal queremos conservarla y que sea útil. Job honró a Dios con una vida íntegra y vivió muchos años. Job, a pesar de haber pasado por una cruenta aflicción, fue también consolado y luego bendecido sin medida (Job 42:13-17).

Enseñanzas de Job

Hoja de actividad

Versículo para memorizar: "¿No has considerado a mi siervo Job, que no hay otro como él en la tierra, varón perfecto y recto, temeroso de Dios y apartado del mal?" Job 1:8.

I. Generalidades de Job

¿Qué enseñanza le dejó la vida de Job? ____

____

____

II. Los amigos de Job y Eliú

¿Qué puede rescatar de la actitud de los amigos de Job? ______________________________________

____

____

¿Alguna vez actuó así con alguien, acusándolo sin escuchar o aceptar su defensa? ¿Cómo lo remedió? _____

____

¿Qué opina de Eliú? ____

____

III. Dios en el libro de Job

En sus palabras, ¿cómo definiría a Dios? ____

____

____

IV. Job recibió el reconocimiento de Dios

¿Qué rescata de Job 42:7-8? ¿Piensa que Dios siempre actúa igual? ______________________________

____

____

Escriba qué enseñanza más sobresaliente le deja el estudio de éste libro. __________________________

____

____

Conclusión

Todo ser humano pasará alguna vez por aflicciones. Para unos será corta, para otros un tanto larga y para otros parecerá que nunca acaba. Pero los seres humanos a veces son los que se hacen de aflicciones por desobedecer a Dios, si es así es importante buscar el arrepentimiento. Si no es así entonces hay que esperar y confiar en el Señor y Él hará.

www.ingramcontent.com/pod-product-compliance
Lightning Source LLC
LaVergne TN
LVHW061250100826
845148LV00008B/1088

* 9 7 8 1 5 6 3 4 4 7 7 2 3 *